はじめての手作りお菓子

成美堂出版

はじめての手作りお菓子　CONTENTS

Part.1 基本のケーキ
人気のおいしいケーキ・チーズケーキ・タルト・シフォンケーキ

● 人気のおいしいケーキ
- 6　イチゴのショートケーキ
- 10　チョコレートクリームのショートケーキ
- 12　ガトー・ショコラ
- 14　ドール・オ・ショコラ
- 15　グランマルニエショコラ
- 20　フォンダン・オ・ペカン
- 22　ウィーン風チョコレートケーキ
- 24　コンフィチュールのロールケーキ
- 26　オレンジのロールケーキ
- 27　ルーローショコラ
- 30　バニラパウンドケーキ
- 32　マロンパウンドケーキ
- 34　松の実とチョコレートのパウンドケーキ・オレンジ風味
- 36　ハニーカステラ
- 38　ケークフロマージュ
- 40　ケイク・オ・バナーヌ
- 41　ケイク・マーブレ
- 42　赤い実のケーキ
- 44　キャラメルバターケーキ

● チーズケーキ
- 46　プレーンベイクドチーズケーキ
- 47　プレーンレアチーズケーキ
- 54　オレオクッキーに、赤いフルーツをのせて
- 55　グラハムクラッカーに、トロピカルフルーツをのせて
- 56　チョコ＆イチゴのマーブルレアチーズケーキ
- 58　ティベール
- 60　スフレ・フロマージュ
- 62　ミルクレープ

● タルト
- 64　タルト・タタン
- 66　タルト・ポワール
- 68　タルト・モンブラン
- 70　タルトフロマージュ
- 72　フロマージュフラン

● シフォンケーキ
- 74　バニラシフォンケーキ
- 82　シフォンの法則
- 84　アーモンドシフォンケーキ
- 86　ココナッツシフォンケーキ
- 88　バナナシフォンケーキ
- 90　リンゴシフォンケーキ
- 92　コーヒーマーブルシフォンケーキ
- 94　紅茶シフォンケーキ
- 96　グラノラ＆ドライフルーツのシフォンケーキ
- 98　コーヒー豆＆プラム＆オレンジのシフォンケーキ
- 100　さくらとあずきのシフォンケーキ
- 102　白味噌と山椒のシフォンケーキ
- 104　シフォンケーキの仕上げのテクニック
- 105　ソースを作りましょう

Part.2 かんたんシンプルなお菓子
クッキー・スコーン・マフィン

- 108　型抜きクッキー
- 110　コーヒービスケット
- 111　ヘーゼルナッツとチョコチップのショートブレッド
- 112　レモンティーのビスコッティ
- 114　チュイル
- 116　ブラウニー
- 118　プレーンスコーン
- 120　グラハム粉とドライイチジクのスコーン
- 122　プレーンマフィン
- 124　バナナマフィン
- 126　ブルーベリーマフィン
- 127　チョコレートマフィン

Part.3 口どけを楽しみたいデザート
プリン・ムース・アイスクリーム

- 130　カスタードプリン
- 133　なめらかプリン
- 134　ココアプリン
- 136　かぼちゃプリン
- 138　オレンジプリン
- 140　バニラババロア
- 142　ブラック&ホワイトチョコの二層のババロア
- 144　イチゴババロア
- 146　バニラスフレグラッセ
- 147　バニラ&抹茶のマーブルムース
- 152　キャラメルムース
- 154　イチゴ&コーヒーのキューブパルフェ
- 156　クレーム・ダンジュ
- 158　バニラアイスクリーム
- 160　抹茶アイスクリーム
- 　　　バナナアイスクリーム
- 161　チョコレートアイスクリーム
- 　　　練乳&イチゴマーブルアイスクリーム
- 162　レモンシャーベット
- 164　キウイシャーベット
- 　　　リンゴシャーベット
- 165　パイナップルシャーベット
- 　　　トマトシャーベット
- 166　ゆず風味のさっぱりシャーベット
- 168　グレープフルーツゼリー

Part.4 本格的な特別スウィーツ
チョコレートのお菓子・シュークリーム

● チョコレートのお菓子
- 172　ランゴ・オ・ショコラ
- 174　プディング・オ・ショコラノワール
- 176　タンバル・オ・ショコラ
- 178　ハートのムースショコラ
- 180　ゴルゴンゾーラショコラ
- 182　オリジナル生チョコ
- 183　プラムの生チョコ　アプリコットの生チョコ

● シュークリーム
- 185　カスタードシュークリーム
- 190　シュー皮のバリエーション
- 192　クリームバリエーション
- 　　　抹茶クリーム
- 　　　チョコレートクリーム
- 193　ヨーグルトクリーム
- 　　　フランボワーズクリーム
- 194　パリブレスト
- 196　エクレア
- 198　シューミルフィーユ
- 200　サントノレ
- 202　エリゾン

Part.5 ほっこりおいしい和のお菓子
桜餅・大福・水ようかん・和のスウィーツ

- 206　まず始めに"あん"を作りましょう
- 210　桜餅
- 212　四季のねりきり　～春・夏・秋・冬～
- 216　串だんご
- 218　うさぎ
- 220　豆大福とイチゴ大福
- 222　水ようかん
- 223　おはぎ
- 224　草餅
- 225　栗蒸しようかん
- 226　洋風・栗の茶巾絞り
- 228　どら焼き
- 229　デラックスクリームみつ豆
- 230　きんかん蒸しパン
- 232　タピオカ抹茶オレ
- 233　イチゴ白玉シロップ

- 234　デコレーションテクニック
- 236　基本の材料
- 238　基本の道具

●この本は、小社の単行本『Sweet Sweets Series』に掲載されたレシピの中から、読者の人気の高かったものを厳選し、編集したものです。

●材料の分量表記は、製作者によって異なりますので、各レシピに合わせてお作り下さい。

●オーブン温度・時間は目安です。オーブンの種類などによって焼き具合も若干異なるので、オーブンの種類の明記がないものは、それぞれ調節して下さい。また、焼き始める前には、必ず予熱をしておきましょう。

Part 1

基本のケーキ

人気のおいしいケーキ・チーズケーキ・
タルト・シフォンケーキ

ふんわりやさしい味わいが魅力の、
手作りケーキ。焼き上がりを待つ時間、
オーブンから漂ってくるのは
"しあわせの香り"です。
心を込めて作ったケーキは
きっと、世界でいちばん
おいしいものになることでしょう。

人気のおいしいケーキ

イチゴのショートケーキ
Gâteau fraise

製作／栗山有紀

生クリームで白くお化粧した姿がかわいらしい、定番のイチゴのショートケーキ。スポンジとスポンジの間にも、たっぷりの生クリームとイチゴをサンドしました。

PART 1 基本のケーキ 人気のおいしいケーキ

●材料 [15cmデコ型1台分]
＊スポンジケーキ
全卵──100g（M玉2個）
グラニュー糖──65g
薄力粉──55g
バニラエッセンス──適宜
牛乳──20g
＊仕上げ用
シロップ──90g（グラニュー糖30g+水60gを合わせて沸騰させ、冷ましておく）
キルシュ──10g
生クリーム──200g
グラニュー糖──20g
イチゴ──10～15粒
＊飾り用
イチゴ、ブルーベリーなど──適宜
セルフィーユ、ミントなど──適宜

●オーブン温度・時間
ガスオーブン／170℃で25分
電気オーブン／180℃で30分

point
湯せんにかけることにより卵が温まり、きめの細かいしっかりした泡を早く立てることができます。

1. ボウルに全卵とグラニュー糖を入れる。熱湯で湯せんをする。

2. ハンドミキサーの高速で、大きく羽根を動かしながら混ぜる。

3. 白っぽくなるまで混ぜる。湯せんをはずす。

4. ホイッパーにかえ、きめを整える。（生地を垂らして、筋が残る状態）

5. 薄力粉をふるい入れる。

6. ボウルの底の粉をすくうように混ぜる。

>> p.8につづく

7 バニラエッセンスと人肌に温めた牛乳を別のボウルに入れ、**6**の生地をひとすくい入れ混ぜる。
＊バニラエッセンスと牛乳に、生地を一度混ぜてから加えたほうが、生地になじみやすい。

8 **7**を**6**のボウルに戻し、全体がとろとろ落ちるくらいまで混ぜる。

9 型より少し高くなるように紙を敷き、生地を流し入れる。

10 オーブンで焼く。確認は指で押し、弾力があればOK。焼き上がったら型のまま作業台に一度落とし、型からはずす。逆さにしてケーキクーラーの上で冷ます。
＊焼き上がった生地を、型に入れたまま机に一度落とすことで、焼き縮みを防ぐことができます（これを"ショック"という）。焼き上がりは、型が熱く、生地も柔らかいので、気をつけて扱いましょう。

11 回転台にのせ、波形ナイフでスポンジを3枚に切る。
＊切るときは、ナイフと回転台が平行になるように注意しながら、ナイフの手前を見て切る。

12 1段めに、キルシュを加えたシロップを刷毛でたっぷり塗る。

13 生クリームにグラニュー糖を加え、ゆるめに泡立てておく。

14 生クリームをたっぷりのせ、パレットナイフで伸ばす。

15 スポンジの1cm内側に、イチゴのスライスを並べる。

16 イチゴの上に、生クリームを少しのせ、うすく伸ばす。1段めと同様に、2段めも重ねる。

17 3段めにスポンジをのせて生クリームをたっぷりのせ、側面に落とすような感じで回転台を回しながら、パレットナイフで伸ばす。

18 まわりを1周し整える。
＊クリームは多すぎるくらいにたっぷりのせ、削っていく感じ。
仕上げに好みでブルーベリー、セルフィーユ、ミントなどを飾る。

PART 1 基本のケーキ 人気のおいしいケーキ

チョコレートクリームの
ショートケーキ
Gâteau chocolat chantilly
製作／栗山有紀

みんなが大好きな、チョコレートクリームのショートケーキ。
スポンジには、アーモンドプードルとココアを加えて風味を出しました。
スプーンの背で表面に飾りを描くだけで、華やかさもグッとアップ。

1 ボウルに全卵とグラニュー糖を入れる。熱湯で湯せんをする。

2 ハンドミキサーの高速で、大きく羽根を動かしながら混ぜる。

3 白っぽくなるまで混ぜる。湯せんをはずす。

4 薄力粉、アーモンドプードル、ココアをふるい入れる。

5 牛乳とバニラエッセンスを入れたボウルに、**4**の生地をひとすくい入れなじませ、**4**に戻し全体がとろとろ落ちるくらいまで混ぜ、紙を敷いた型に入れ焼く（p.8の**9**参照）。

6 刻んだチョコレートを湯せんで溶かす。

7 **6**に生クリームAを半分ずつ入れ、ホイッパーで混ぜる。

8 生クリームBを入れ、八分立てになるまで泡立てる。

● 材料［直径15cmのデコ型1台分］
＊チョコレートのスポンジケーキ
全卵──150g
グラニュー糖──100g
薄力粉──50g
アーモンドプードル──20g
ココア──10g
牛乳──30g
バニラエッセンス──適宜
＊仕上げ用
チョコレート──50g
生クリームA──50g
生クリームB──200g
シロップ──90g（グラニュー糖30g＋水60gを合わせて沸騰させ、冷ましておく）
ブランデーまたはラム酒──15g

● オーブン温度・時間
ガスオーブン／170℃で25分
電気オーブン／180℃で30分

9 焼き上がったスポンジを3枚に切り、間にブランデーまたはラム酒を加えたシロップとたっぷりのチョコクリームを塗り重ねる。

10 表面を整えたあと、もう一度チョコクリームをのせ、スプーンで飾りを描く。

PART 1　基本のケーキ　人気のおいしいケーキ

ガトー・ショコラ
Gâteau chocolat

製作／栗山有紀

むしょうにチョコレートが食べたくなるときがありませんか？
シンプルだからこそ素材にこだわって、おいしいチョコレートを贅沢に使った、しっとり濃厚な大人のガトー・ショコラ。あまーい世界にうっとりとろけましょう。

● 材料 [直径12cmのデコ型1台分]
＊スポンジケーキ
無塩バター──125g
グラニュー糖──85g
クーベルチュールチョコレート──125g
全卵──100g(M玉2個)
薄力粉──35g
粉糖──適宜

● オーブン温度・時間
ガスオーブン／180℃で20分、170℃に下げて10分、160℃に下げて15分
電気オーブン／180℃で20分、170℃に下げて25分

1 紙は、型より少し高くなるように用意する。

2 バターは室温に戻し、柔らかくしておく。グラニュー糖を数回に分けて入れ、そのつど混ぜる。

3 ホイッパーを使い、白くなるまで混ぜる。

4 刻んだクーベルチュールを、湯せんで溶かす。クーベルチュールの温度は、人肌くらい。

5 **3**を混ぜながら、**4**を一気に加える。

6 全卵を数回に分けて入れ、そのつど混ぜる。

7 薄力粉をふるい入れ、よく混ぜる。

8 型に生地を流し入れる。ゴムべらを使い、表面を平らにし焼く。

9 焼き上がったら、やさしくショック（p.8の**10**参照）をし、ケーキクーラーにのせ、そのまま冷ます。

10 型からはずすときは、横にして、紙をやさしく引く。

11 手をそえて、逆さに出し、底の紙をはがす。

12 表に返し、側面の紙もやさしくはがす。仕上げに粉糖をふる。

PART 1 基本のケーキ 人気のおいしいケーキ

ドール・オ・ショコラ
Gâteau doré au chocolat

製作／小嶋ルミ　作り方／p.16〜17

しっとりした生地にガナッシュの上がけ。チョコレートの味を
しっかりと前面に出した、パリのエスプリを感じるガトー・ショコラ。
『黄金のチョコレート』の名にふさわしい逸品。

グランマルニエショコラ
Gâteau au chocolat et grandmarnier

製作／小嶋ルミ　作り方／p.18〜19

ソフトに焼き上げたスフレタイプの「ガトー・ショコラ」。
お酒も効いて、しっとりと甘さ控えめの生地は誰からも好まれる味。
生クリームをたっぷりのせて召し上がれ。

PART 1　基本のケーキ　人気のおいしいケーキ

ドール・オ・ショコラ
Gâteau doré au chocolat

作品／p.14

●材料 [直径18cmのスポンジ型1台分]
クーベルチュールチョコレート
　（カカオ分70〜75％）——110g
　（カカオ分60〜65％）——50g
無塩バター——97g
卵黄——52g
グラニュー糖A——60g
卵白——100g
グラニュー糖B——40g
薄力粉——32g
＊仕上げ用
ガナッシュ
　┌ クーベルチュールチョコレート
　│　（カカオ分60〜65％）——50g
　└ 生クリーム——60g
あんずジャム——30〜40g
＊飾り用
金箔——適宜

●オーブン温度・時間
170℃で25〜30分

●下準備
・型の側面にバター（分量外）を塗り、強力粉（分量外）をはたく。底に製菓用ペーパーを敷く。
・クーベルチュールは細かく刻む。
・薄力粉をふるう。
・卵白はまわりがシャリッとするくらい冷凍庫でよく冷やす（約15分）。

●食べ頃
チョコレート生地は、1〜2日たったものがなじんでおいしい。ラップできちんと包み、冷蔵庫に入れて4、5日保存が可能。仕上げのガナッシュをかけたら、その日のうちに食べるのがよい。

1 ボウルにクーベルチュールとバターを入れ、湯せんにかけて溶かす。

2 卵黄にグラニュー糖Aを加え、ハンドミキサーで白くふわっとなるまで泡立てる。

3 1を37〜40℃にし、2に加え混ぜる。

4 薄力粉を加え混ぜる。

5 冷たく冷やした卵白にグラニュー糖Bを少し加え、ハンドミキサーの高速で角が立つまで泡立てる。残りのグラニュー糖を少しずつ加え、さらに泡立てる。

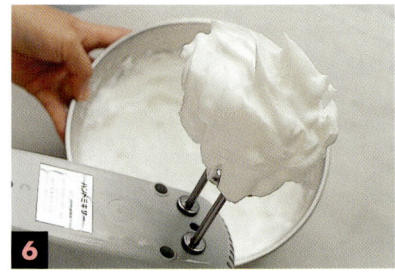

6 しっかりとした固いメレンゲを作る。

7
4に6のメレンゲを2〜3回に分けて加え、なめらかになるまでよく混ぜる（ホイッパー、ゴムべらどちらでも可）。

8
型に流し入れる。表面を平らにならし、170℃のオーブンで25〜30分焼く。

9
型に入れたまま冷ます。粗熱が取れたら型からはずし、そのままの状態（上面を上）にして冷ます。

10
逆さにして、パレットナイフで全体に薄くあんずジャムを塗る。表面が平らでない場合は、ナイフで削って平らにしてから逆さにする。

11
仕上げ用のガナッシュを作る。クーベルチュールは湯せんで溶かし、沸騰直前まで温めた生クリームを加えて混ぜる。空気が入らないように、静かに混ぜること。
＊空気が入ると生地にかけたときに泡が出てしまいます。

12
11のボウルを水道水などに当て、人肌以下の温度まで冷ます。とろりとしてきたら、10に上からかける。

13
ガナッシュの厚さが2〜3mmになるようにパレットナイフで広げ、余分なガナッシュは下にたらして落とす。

14
ガナッシュが固まったら、金箔や金粉をあしらう。

PART 1　基本のケーキ　人気のおいしいケーキ

グランマルニエショコラ
Gâteau au chocolat et grandmarnier

作品／p.15

●材料 [直径18cmのスポンジ型1台分]
クーベルチュールチョコレート
　（カカオ分50〜55％）——78g
無塩バター——62g
生クリーム——32g
グランマルニエ——25cc
卵黄——60g（L玉約3個分）
グラニュー糖A——37g
卵白——173g（L玉約4〜5個分）
グラニュー糖B——75g
薄力粉——16g
ココアパウダー——50g

●オーブン温度・時間
180℃で40〜45分

●下準備
・型の側面にバター（分量外）を塗り、強力粉（分量外）をはたく。底は丸く切った製菓用ペーパーを敷く。
・クーベルチュールは細かく刻む。
・薄力粉とココアパウダーを合わせてふるう。
・卵白はまわりがシャリッとするくらい冷凍庫でよく冷やす（約15分）。
・湯せん焼きのためのお湯を沸かす。

●食べ頃
翌日から3、4日が食べ頃。ラップできちんと包み、冷蔵庫に入れて4、5日保存が可能。食べるときは、必ず室温に戻して。

1 ボウルにクーベルチュールとバターを入れ、湯せんで溶かし、40〜50℃に温めておく。

2 生クリームとグランマルニエを一緒にし、湯せんにかけ、約40℃に温めておく。

3 卵黄とグラニュー糖Aを白っぽくなるまでよく泡立てる。

4 3に1と2を続けて加え、よく混ぜる。
＊室温が低い冬場は、混ぜたものをメレンゲと合わせるまで、ぬるめの湯せんにかけておきましょう。

5 まわりがシャリッとするまで冷やした卵白にグラニュー糖Bをひとつまみ加え、ハンドミキサーの高速で泡立てる。

6 しっかり泡立ったら残りのグラニュー糖を2〜3回に分けて加え、さらに泡立てる。

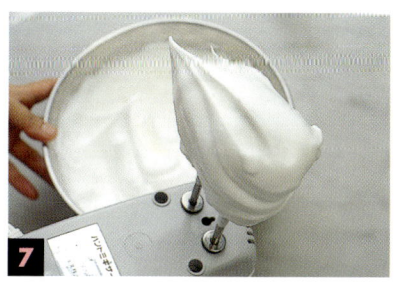

7 つやのある、なめらかなメレンゲを作る。先端が少しおじぎするくらいがよい。泡立てすぎてボソッとならないように注意。

8 4にメレンゲの1/4量を加え、ホイッパーで素早く混ぜて、生地になじませる。

9 これに薄力粉とココアパウダーを一度に加え、よく混ぜ合わせる。

10 残りのメレンゲを一度に加え、なめらかになるまで大きく混ぜる。あまり混ぜすぎないように注意。

11 用意した型に流し入れる。

12 天板に**11**を置き、沸騰したお湯を注ぎ、180℃のオーブンで40〜45分湯せん焼きする。

13 焼き上がり時間の少し前から竹串を刺してみて、べったりと付かなくなったらオーブンから出す。ホロホロとした生地が付いてくるくらいがよい。

14 オーブンから出したら型と生地の間にパレットナイフをさして一周し、そのまま型ごと冷ます。冷めたら型から取り出す。

PART 1 基本のケーキ 人気のおいしいケーキ

フォンダン・オ・ペカン
Fondant aux noix de pécan
製作／小嶋ルミ

焼いてあるのに、口に入れるとまるで"生チョコ"のようにとろけます。
粉はまったく使わず、ジェノワーズ（スポンジケーキ）のように
全卵を泡立てたところへチョコレート液を流し込む、共立てタイプで作ります。
半生状態でオーブンから出すのが特徴。とても濃厚な大人のガトーショコラ。

PART 1 基本のケーキ 人気のおいしいケーキ

● 材料 [直径約9cmのハート型5個分、または15cmスポンジ型1台分]
クーベルチュールチョコレート
　（カカオ分70〜75％）——108g
　（カカオ分50〜55％）——18g
無塩バター——72g
ココアパウダー——26g
全卵——132g
グラニュー糖——90g
ピーカンナッツ——36g
＊仕上げ用
ピーカンナッツ——適宜
くるみ——適宜

● オーブン温度・時間
180℃で10〜12分（15cmスポンジ型の場合は15〜20分）

● 下準備
・製菓用ペーパーを型の底と側面に合わせて切り、敷く。
・クーベルチュールは細かく刻む。
・ココアパウダーをふるう。

● 食べ頃
翌日以降が食べ頃（当日は味がなじまず不可）。常温で3〜4日、冷蔵庫で1週間保存可。食べるときは必ず常温に戻して。好みで、オーブンで温めると、柔らかくとろけ、デザートとしてもおすすめ。

1　飾りを含め、ナッツ類は160℃のオーブンで6〜7分ローストする。飾り用に数個取りおき、粗く刻む。

2　ボウルに刻んだクーベルチュールとバターを入れ、湯せんにかけて溶かす。溶けたら湯せんからはずす。

3　全卵とグラニュー糖をボウルに入れ、溶きほぐして、湯せんにかける。人肌に温まったら、湯せんからはずす。

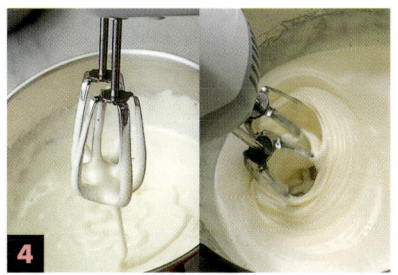

4　ハンドミキサーの高速で3〜4分泡立てる。リボン状にたれるくらいに泡立てたら、低速にしてきめを整える。

5　2の温度を32〜36℃にし、これにココアパウダーを加え混ぜる。

6　4に5を一度に加え混ぜ合わせる。ボウルを手前に少しずつ回しながら大きくゴムべらを動かし、60〜70回しっかりと混ぜる。

7　つやが出て、生地がしまった感じになったら1のピーカンナッツを加え、よく混ぜる。

8　型に流し、飾りのピーカンナッツとくるみをのせ、180℃のオーブンで10〜12分焼く。

9　途中で竹串を刺してみて、生地が"とろり"と付いてくるくらいで、オーブンから出す。長く焼きすぎないように注意。室温になるまで冷まし、型からはずす。

ウィーン風チョコレートケーキ
Gâteau au chocolat viennois

製作／小嶋ルミ

ヘーゼルナッツの粉やシナモン、フランボワーズジャムなどが醸し出す香りがウィーン風の秘密。
粉がいっさい入らず、はちみつを使い、しっとりした味に仕上げます。

● 材料［直径18cmのスポンジ型1台分］

A
- アーモンドパウダー——28g
- 粉糖——28g

B
- アーモンドパウダー——16g
- ヘーゼルナッツパウダー——24g
- ココアパウダー——32g
- シナモン（粉末）——1g（小さじ1）
- ベーキングパウダー——1.5g（小さじ1/2）

無塩バター——72g
卵黄——64g
はちみつ——30g
卵白——128g
グラニュー糖——48g

＊仕上げ用
フランボワーズジャム——80g
粉糖——適宜
生クリーム——200g
グラニュー糖——10g

● オーブン温度・時間
180℃で20〜25分

● 下準備
・型の側面にバター（分量外）を塗り、強力粉（分量外）をはたく。底は製菓用ペーパーを敷く。
・バターを室温に戻しておく。
・卵白はまわりがシャリッとするくらい冷凍庫でよく冷やす（約15分）。

● 食べ頃
生地は当日より2〜3日がしっとりとしておいしい。食べる直前にジャムをサンドし、サンドしたものはその日のうちに召し上がれ。

1
Aの粉類、Bの粉類をそれぞれ合わせてふるう。

2
室温に戻したバターを小さなボウルに入れ、柔らかく練る。

3
ボウルに卵黄とはちみつを入れ、軽く混ぜる。合わせてふるったAの粉類を加え、ハンドミキサーで白くとろりとなるまでよく泡立てる。

4
3に2のバターを加え、さらに白くもったりするまで2〜3分泡立てる。

5
冷やした卵白にグラニュー糖を少し加え、ハンドミキサーの高速で角が立つまで泡立てる。残りのグラニュー糖を少しずつ加え、さらに泡立てる。

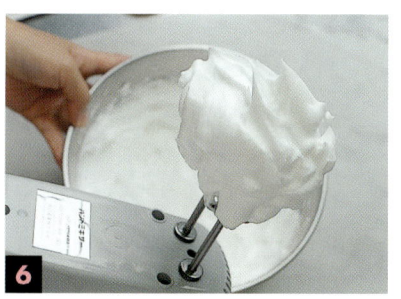
6
しっかりとした固いメレンゲを作る。

7
4の生地に、まず、メレンゲの1/3量を加え混ぜる。なじんだらBの粉類の1/2量を加え、軽く混ぜる。

8
さらに、メレンゲの1/3量、残りの粉、残りのメレンゲと交互に軽く混ぜ合わせ、最後に大きく、ムラなくなじむまで混ぜ合わせる。

9
型に生地を入れ、表面を平らにならす。180℃のオーブンで20〜25分焼く。竹串を刺してみて何も付いてこなければ、オーブンから出す。

10
オーブンから出したら、すぐに型からはずし、ケーキクーラーにのせて冷ます。この状態だと生地はラップをして冷蔵庫で3〜4日持つ。

11
波形ナイフで厚さ半分に切り、柔らかくしたフランボワーズジャムを塗ってサンドし、上面に粉糖をふる。このままカットし、食べるときにたっぷりのホイップクリームを添えてもよい。

12
生クリームにグラニュー糖を加えて泡立てる。サントノレ口金を付けた絞り袋にクリームを詰め、適量を絞って仕上げる。

PART 1 基本のケーキ　人気のおいしいケーキ

コンフィチュールの
ロールケーキ
Biscuit roulé confiture

製作／栗山有紀

いつの時代も、変わらず人気なのがロールケーキ。
イチジクのコンフィチュールの濃厚な甘さが、心をホッと和ませます。

●材料［28×24cmの天板1枚分］
＊ビスキュイ
卵白──3個（M玉）
グラニュー糖A ──45g
卵黄──3個（M玉）
グラニュー糖B──45g
薄力粉──40g
バニラエッセンス──適宜
牛乳──20g
＊仕上げ用
イチジクのコンフィチュール
　（下記参照）──適宜
粉糖──適宜

●オーブン温度・時間
ガスオーブン／190℃で15分
電気オーブン／200℃で15分

イチジクのコンフィチュール

●材料［約800g分］
イチジク──1kg
バニラビーンズのさや
（裂いて種を出しておく）──1本
グラニュー糖──500g
赤ワイン（濃いめのもの）──200g

1 鍋にイチジク、バニラビーンズのさや、グラニュー糖を入れる。

2 イチジクから水分が出たら、火を付ける。沸騰するまでは強火、沸騰したら弱火にする。

3 赤ワインを加え、形を残しながら20分くらい煮詰める。イチジクのコンフィチュールのでき上がり。

1
ボウルに卵白を入れ、ハンドミキサーの高速で泡立てる。グラニュー糖Aを数回に分けて入れ、しっかりしたメレンゲを作る。

2
別のボウルに卵黄とグラニュー糖Bを入れ混ぜ、その中に1のメレンゲを半分加えホイッパーで混ぜる。

3
残りのメレンゲを全部加え、すくって落とすような感じで混ぜる。

4
薄力粉をふるい入れ、さっと混ぜる。

5
バニラエッセンスと人肌に温めた牛乳を別のボウルに入れ、4の生地をひとすくい入れなじませ、4のボウルに戻し混ぜる。

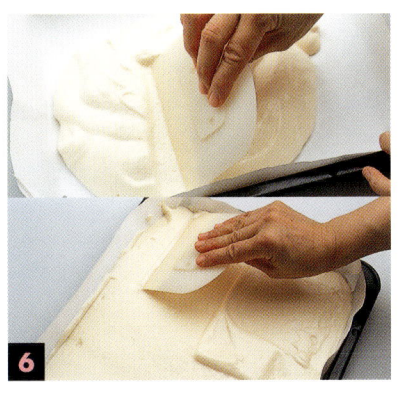
6
紙を敷いた天板の中央に生地を流し入れ、カードを使い端まで伸ばし、焼く。
＊天板が2枚ある場合は、間に濡れ新聞を1枚はさみ、重ねて焼くようにすると、焼き色も生地もソフトな感じになる。

7
焼き上がりの茶色の部分を、指の腹を使いむく。
＊焼き上がりを巻くものの上に置いて（ここではシルパットですが、紙やラップでも可）作業を進めるとスムーズ。
ほんのり熱いときに、端に切り口を入れ、やさしくなでるようにするとよい。

8
巻き始めになる部分を、斜めに切り取る。

9
イチジクのコンフィチュールを塗り、巻きやすくするため巻き始めに線を付ける。

10
巻き始めで、しっかり芯を作り、シルパットを持ち上げながら、前へ引っ張る感じで巻く。

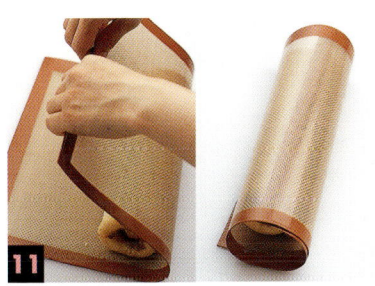
11
巻き終わったら、30分そのまま落ち着かせる。仕上げに好みで粉糖をふる。

PART 1 基本のケーキ 人気のおいしいケーキ

オレンジのロールケーキ
Biscuit roulé orange

製作／栗山有紀

フレッシュなオレンジを使用した、さわやかな風味のロールケーキ。優しい甘さの生クリームと、甘酸っぱいオレンジの相性は抜群です。

●**材料** [28cm×24cmの天板1枚分]

＊ビスキュイ
卵白──3個（M玉）
グラニュー糖A──45g
卵黄──3個（M玉）
グラニュー糖B──45g
薄力粉──40g
牛乳──25g
バニラエッセンス──適宜
＊仕上げ用
生クリーム──300g
グラニュー糖C──30g
シロップ──150g
　（砂糖50g+水100g+グランマルニエ15g）
オレンジ──2個
　（房から取り出した実を上記のシロップに30分程漬けておく）
＊飾り用
オレンジの皮──適宜
ピスタチオ──適宜

●**オーブン温度・時間**
ガスオーブン／190℃で15分
電気オーブン／200℃で15分

※**1〜8**の詳しい作り方はp.25参照。

1 ボウルに卵白を入れ、ハンドミキサーで泡立てる。グラニュー糖Aを数回に分けて入れ、しっかりしたメレンゲを作る。

2 別のボウルに卵黄とグラニュー糖Bを入れ混ぜ、その中に**1**のメレンゲを半分加えホイッパーで混ぜる。

3 残りのメレンゲを全部加え、すくって落とすような感じで混ぜる。

4 薄力粉をふるい入れ、さっと混ぜる。

5 バニラエッセンスと人肌に温めた牛乳を別のボウルに入れ、**4**の生地をひとすくい入れなじませ、**4**のボウルに戻し混ぜる。

6 紙を敷いた天板の中央に生地を流し入れ、カードを使い端まで伸ばし焼く。

7 焼き上がりの茶色の部分を、指の腹を使いむく。

8 巻き始めになる部分を斜めに切り取る。

9 生クリームにグラニュー糖Cを入れ、ゆるめに立てる。シロップとクリームを塗りオレンジを並べ、巻き始めに線を付けて（写真a）巻く。仕上げに生クリームを塗り、好みでオレンジの皮とピスタチオを飾る。

ルーロー ショコラ
Roulé au chocolat

製作／小嶋ルミ
作り方／p.28〜29

しっとりしたチョコレートシートに、軽いホイップクリームを巻いて、
しっかり味のガナッシュをコーティングした、クラシカルなブッシュ・ド・ノエル。
表面の模様がいかにもヨーロッパらしく、クリスマスの雰囲気をぐっと盛り上げてくれそうです。

PART 1　基本のケーキ　人気のおいしいケーキ

ルーローショコラ
Roulé au chocolat

写真／p.27

●材料 ［30cm×30cmの天板1枚分］
＊ロール生地
全卵──180g
グラニュー糖──95g
薄力粉──30g
ココアパウダー──30g
牛乳──30g
＊シロップ
水──30cc
グラニュー糖──10g
キルシュ──15cc
＊クリーム
生クリーム──200g
グラニュー糖──5g
＊ガナッシュクリーム
クーベルチュールチョコレート
　（カカオ分50～55％）──60g
　（ミルクタイプ）──60g
※なければカカオ分50～55％
無塩バター──36g
生クリーム──10g

●オーブン温度・時間
200℃で9～12分

●下準備
・天板を2枚用意する。天板に合わせ、製菓用ペーパーをひと回り大きく切り、四隅に斜めに切れ目を入れ、敷いておく。
・クーベルチュールは細かく刻む。
・薄力粉とココアパウダーは合わせて2回ふるう。

●食べ頃
ロール生地は、食べる当日か前日に焼く。冷凍庫で2週間保存可。ガナッシュを塗って仕上げたものはその日のうちに召し上がれ。

1

ロール生地を作る。ボウルに全卵とグラニュー糖を入れ湯せんにかけ、人肌に温める。

2

湯せんからはずし、ハンドミキサーの高速で4～5分泡立て、リボン状になったら2～3分低速で回し、きめを整える。

3

ふるった薄力粉とココアパウダーを一度に加え、手早く、粉がなくなるまで混ぜる。混ぜ過ぎに注意。

4

3に牛乳を少しずつ加え、ゆっくりと大きく混ぜ合わせる。牛乳が全体に行きわたったら混ぜ終える。

5

天板に生地を流し入れる。表面を平らにし、もう一枚の天板を下に重ね、200℃のオーブンで9～12分焼く。焼けたら天板からはずし、ケーキクーラーの上で冷ます。

6 シロップを作る。水とグラニュー糖を沸かし、冷めたらキルシュを加える。
ホイップクリームを作る。生クリームにグラニュー糖を加え、八分立てに泡立てる。このとき、ボウルを氷水に当てて行うこと。

7 5の生地を裏返し、紙をはずす。もう一度紙をかぶせ、紙を当てたまま逆さにし、表面を上にする。

8 6のシロップの2/3量を、生地の表面全体に刷毛で塗る。

9 6のクリームを8の生地の上に平らにのばす。手前は少し厚めに、奥は薄めにのばすと巻きやすい。
＊写真、左側が手前、右側が奥。

10 始めは紙でまわりを押さえるようにし、あとは紙を上に持ち上げるようにして、くるくると巻いていく。紙で全体を覆い、巻き終わりを下にして、冷蔵庫で10分以上休ませる。

11 ガナッシュクリームを作る。クーベルチュールを湯せんで溶かす。溶けたら小さく切ったバターを加え溶かす。
続いて、生クリームを小鍋で沸かし、これに加え混ぜ合わせる。ボウルを氷水に当て、かき混ぜながらガナッシュを約23℃くらいに冷ます。
＊つやがありとろりとした感じになればよい。冷やしすぎて固まってしまった場合は、湯せんにかけて調整する。

12 ロール生地を冷蔵庫から取り出し、表面に残りのシロップを塗る。パレットナイフで少し厚めにガナッシュクリームを塗り、スプーンの背で模様を付けて仕上げる。

PART 1 基本のケーキ 人気のおいしいケーキ

バニラ
パウンドケーキ
Vanilla pound cake

製作／柳瀬久美子

もともとは、バター、砂糖、卵、粉の4つの材料を、
"すべて1ポンドずつ使う"ことが名前の由来である"パウンドケーキ"。
今では、バターケーキ全般のことを指します。
しっとりとしたおいしさを秘めた、
"焼きっぱなし"のままでもじゅうぶんに楽しめるケーキです。

●材料
[7.5cm×16cm×7.5cmの
パウンド型1台分]
無塩バター──110g
上白糖A──70g
バニラビーンズ──1本
レモンの皮のすり下ろし──1個分
卵黄──2個（L玉）
卵白──2個（L玉）
上白糖B──30g
薄力粉──150g
ベーキングパウダー──小さじ1/2

●オーブン温度・時間
160〜170℃で45〜50分

●下準備
・バターは室温に戻して、柔らかくしておく。
・バニラビーンズは縦に切り、種をしごき出しておく。
・薄力粉、ベーキングパウダーは合わせてふるっておく。

PART 1 基本のケーキ 人気のおいしいケーキ

1 型にはバター（分量外）を薄く塗り、強力粉（分量外）をふりかけ、余分な粉は払っておく。

2 室温に戻したバターをボウルに入れ、ホイッパー、またはハンドミキサーでなめらかなクリーム状に練る。上白糖A、バニラビーンズの種、すり下ろしたレモンの皮を入れ、白っぽくふんわりとしてくるまでよく混ぜ合わせる。

3 卵黄を1個ずつ加え、そのつどよく空気を抱き込ませるようにハンドミキサーで混ぜる。

4 別のボウルに、卵白と上白糖Bを入れる。ハンドミキサーで泡立て、しっかりとしたメレンゲを作る。

5 でき上がったメレンゲの1/3量を**3**のボウルに入れ、ゴムべらでさっくりと混ぜ合わせる。

6 合わせてふるった粉類を入れ、粉っぽさがなくなるまで、練らないように気を付けながらゴムべらで混ぜ合わせる。残りのメレンゲも加え、同様に合わせる。

7 型に流し入れ、作業台にトントンと軽く落として中の空気を抜く。

8 160〜170℃のオーブンで45〜50分焼く。真ん中に竹串を刺し、何もくっついてこなければ焼き上がり。粗熱を取って型からはずす。

マロンパウンドケーキ
Chestnut pound cake

製作／柳瀬久美子

マロンペーストとマロンのシロップ煮を混ぜ込んだ、
ちょっと"コク"のあるケーキです。
ホイップクリームを添えて召し上がれ。

●材料
[11cm×20cm×8cmのパウンド型1台分]
＊パウンド生地
無塩バター——150g
マロンペースト——100g
バニラビーンズ——1本
上白糖——50g
全卵——2個(L玉)
卵黄——1個(L玉)
薄力粉——200g
ベーキングパウダー——小さじ1
マロンのシロップ煮——80g
ラム酒——大さじ2+少々
＊仕上げ用
生クリーム——100〜200cc
上白糖——10〜20g

●オーブン温度・時間
170℃で約60分

●下準備
・バターは室温に戻して、柔らかくしておく。
・バニラビーンズは縦に切り、種をしごき出しておく。
・薄力粉、ベーキングパウダーは合わせてふるっておく。

1 マロンのシロップ煮は粗く刻み、ラム酒と合わせておく(写真a)。

2 型にはバター(分量外)を薄く塗り、強力粉(分量外)をふりかけ、余分な粉は払っておく。

3 室温に戻したバターとマロンペースト、バニラビーンズの種をボウルに入れ(写真b)、ホイッパー、またはハンドミキサーでなめらかなクリーム状に練る。上白糖を入れ、白っぽくふんわりとしてくるまでよく混ぜ合わせる。

4 全卵と卵黄を合わせて溶きほぐす。3に5〜6回に分けて加え、よく空気を抱き込ませるように混ぜ合わせる。

5 合わせてふるった粉類を入れ、粉っぽさがなくなるまで、練らないように気をつけながらゴムべらで混ぜ合わせ、1を加え混ぜる(写真c)。

6 型に流し入れ、作業台にトントンと軽く落として中の空気を抜く。170℃のオーブンで約60分焼く。

7 焼き上がったらすぐ表面に、刷毛を使いラム酒を塗る。粗熱を取って型からはずす。

8 仕上げ用の生クリームに上白糖を加えて泡立て、マロンパウンドケーキに添える。

PART 1　基本のケーキ　人気のおいしいケーキ

松の実とチョコレートの
パウンドケーキ・オレンジ風味
Chocolate pound cake

製作／柳瀬久美子

ビタースイートチョコレートをたっぷりと使い、
オレンジの皮や果汁で風味を付けました。
"プチプチッ"とした、松の実の歯ごたえもお楽しみ下さい。

●材料
[7.5cm×16cm×7.5cmのパウンド型1台分]

無塩バター──130g
上白糖A──90g
オレンジの皮のすり下ろし
　　　　　　──1個分
ビタースイートチョコレート
　　　　　　──150g
全卵──2個(L玉)
卵黄──1個(L玉)
薄力粉──150g
ベーキングパウダー──小さじ1
オレンジ果汁──40cc
グランマルニエ──大さじ1
松の実──40g
オレンジピール──20g
卵白──1個(L玉)
上白糖B──30g

●オーブン温度・時間
160～170℃で40～45分

●下準備
・バターは室温に戻して、柔らかくしておく。
・オレンジの皮はすり下ろす。
・薄力粉、ベーキングパウダーは合わせてふるっておく。

1 型にはバター(分量外)を薄く塗り、強力粉(分量外)をふりかけ、余分な粉は払っておく。
2 オレンジピールは刻み、松の実と一緒にしておく。
3 チョコレートは細かく刻み、湯せんにかけて溶かす(写真a)。
4 室温に戻したバターをボウルに入れ、ホイッパー、またはハンドミキサーでなめらかなクリーム状に練る。上白糖A、すり下ろしたオレンジの皮を入れ、白っぽくふんわりとしてくるまでよく混ぜ合わせる。
5 3のチョコレートを加え、ハンドミキサーでよく混ぜ合わせる。全卵と卵黄を合わせて溶きほぐし、5～6回に分けて加える。そのつどよくかき混ぜる(写真b)。
6 別のボウルに、卵白と上白糖Bを入れる。ハンドミキサーで泡立て、しっかりとしたメレンゲを作る。
7 5のボウルにふるった粉類の約1/3量を加え、ゴムべらで粉っぽさがなくなるまで混ぜ合わせる。オレンジ果汁、グランマルニエを加え、なじむまで混ぜ合わせる(写真c)。
8 残りの粉類を加えて同様に混ぜ合わせたら、松の実とオレンジピールを加え混ぜる(写真d)。
9 メレンゲを加え、さっくりと混ぜ合わせる。
10 型に流し入れ、160～170℃のオーブンで40～45分焼く。粗熱を取って型からはずす。

PART 1　基本のケーキ　人気のおいしいケーキ

ハニーカステラ
Honey sponge cake

製作／柳瀬久美子

卵とはちみつの風味がふんわり。
ザラメを加えれば本格的なカステラのでき上がり。
卵をあたためるときは、卵が煮えてしまわないように注意しましょう。

● 材料
[20cm×11cm×7.5cmのパウンド型1台分]

全卵——2個（L玉）
卵黄——2個（L玉）
上白糖——160g
はちみつ——35g
水——30cc
薄力粉——135g
サラダ油——30cc

● オーブン温度・時間
180℃で10分、
150℃に下げて45〜50分

● 下準備
・型にはオーブンペーパーを敷き、底の部分にザラメ（分量外）をぱらぱらと散らしておく（写真a）。
・薄力粉はふるっておく。

point
型に敷く紙は、オーブンペーパーに切り込みを入れ、型に合わせて折り目を付けます。カステラはスポンジケーキとほとんど同じ作り方ですが、卵をハンドミキサーできめ細かく泡立てることが大切。この気泡がふっくらとしたカステラを作るのに重要なポイントです。

1 ボウルに全卵、卵黄、上白糖を入れて湯せんにかけ、絶えずホイッパーでかき混ぜる（写真b）。卵液が煮えて固まらないように注意しながら40℃くらいまで温める。

2 40℃くらいになったら湯せんからはずし、ハンドミキサーでしっかりと泡立てる。

3 ハンドミキサーの跡がしっかり残るくらいまで泡立ったらはちみつを加えてよく混ぜ合わせ、水を加えハンドミキサーで全体を混ぜてなじませる（写真c）。

4 3の生地に薄力粉を加え、ダマができないように粉っぽさがなくなるまでゴムべらで混ぜ合わせる。サラダ油を加え、同様に混ぜる。

5 4の生地を型に流し入れ、型を作業台にトントンと打ち付けて大きな空気を抜き（写真d）、180℃のオーブンで10分、150℃に下げてさらに45〜50分焼く。中央に竹串を刺して何も付いてこなければ焼き上がり。

6 焼き上がったら型から抜き粗熱を取る。

PART 1 基本のケーキ 人気のおいしいケーキ

皿、敷物／布遊館

37

ケークフロマージュ
Cake fromage

製作／六名泰子

ゴーダチーズとチェダーチーズがふんだんに入った
"そのままチーズ味"のパウンドケーキです。
焼き上がりとともに、チーズの香りが広がって…。

● 材料
[7cm×6cm×25cmのパウンド型1台分]
バター（発酵無塩）——100g
グラニュー糖A——50g
卵黄——2個（L玉）
生クリーム（乳脂肪分38％）　30g
牛乳——30cc
ゴーダチーズ——40g
チェダーチーズ（赤）——40g
卵白——2個（L玉）
グラニュー糖B——50g
薄力粉——150g
ベーキングパウダー——小さじ1

● オーブン温度・時間
175℃で約30分

● 下準備
・バターは室温に戻して、柔らかくしておく。
・ゴーダチーズ、チェダーチーズはそれぞれすり下ろす。
・薄力粉、ベーキングパウダーは合わせてふるっておく。
・型の底と側面に合わせてオーブンシートをカットして、敷いておく。

point
"すり混ぜる"というのは、ボウルの底をこするようにして混ぜること。
バターや卵黄に、グラニュー糖を加えてすり混ぜると、徐々に白っぽくなってきます。
この"白っぽくなった状態"が泡立った目安です。

1　ボウルに、バターとグラニュー糖Aを入れ、ホイッパーで白っぽくなるまですり混ぜる。
2　別のボウルに、卵黄、生クリーム、牛乳を入れ、ホイッパーで混ぜる。
3　1に2を何回かに分けて加え混ぜる（写真a）。
＊一度に加えて混ぜるとバターと水分が分離するので注意しましょう。
4　すり下ろしたチーズを3に加えて軽く混ぜる。
＊チーズが入ると生地がしまって固くなるので、手早く次の作業に移りましょう。
5　別のボウルに、卵白とグラニュー糖Bの少量を入れ、ハンドミキサーの低速でほぐす。すぐに高速にかえて、何回かに分けて残りのグラニュー糖Bを加えながら泡立て、ピンと角が立つくらいのメレンゲを作る。
6　メレンゲの半量を4の生地に加えてホイッパーで軽く混ぜ（写真b）、生地が少し柔らかくなったら、薄力粉＋ベーキングパウダーを一度に加えて木べら、またはゴムべらで混ぜる。
7　残りのメレンゲを加え、泡をつぶさないように軽く混ぜ合わせる。混ぜすぎに注意（写真c）。
8　型に入れる。トントンと作業台に打ち付けて空気を抜く。このまま焼くと中心が膨らみすぎるため、ゴムべらで中心をくぼませるようになでつけてから（写真d）、175℃のオーブンで約30分焼く。
9　オーブンから出してケーキクーラーの上に出し、粗熱が取れてからオーブンシートをはがす。

PART 1　基本のケーキ　人気のおいしいケーキ

ケイク・オ・バナーヌ
Cake aux bananes

製作／栗山有紀

●材料 [16cmのパウンド型1台分]

無塩バター――120g
グラニュー糖――135g
全卵――80g
バナナ（完熟）――1本
ラム酒――10g
薄力粉――120g
ベーキングパウダー――3g
シナモン（粉末）――3g

＊仕上げ用
ナパージュ（p.234参照）
　　　　　　――適宜
バナナ、シナモンスティック、
バニラビーンズのさや
　　　　　　――適宜

●オーブン温度・時間

ガスオーブン／180℃で20分、170℃に下げて30分
電気オーブン／180℃で30分、170℃に下げて20分

1 バターは室温に戻し、柔らかくしておく。グラニュー糖は3、4回に分けて加え、ホイッパーで混ぜる。

2 白っぽくなるまで、しっかり混ぜる。

3 全卵を溶きほぐし、**2**に数回に分けて入れ、そのつど混ぜる。

4 バナナとラム酒をフードプロセッサーに入れ、ピューレ状にする。

5 **3**に**4**を加え、ホイッパーで混ぜる。

6 薄力粉とベーキングパウダーを、ふるい加えて混ぜる。

7 シナモンもふるう。

8 生地につやがでるまでゴムべらで混ぜる。

9 紙を敷いた型に流し入れ、やさしく作業台に落とし、空気を抜く。中央をゴムべらでくぼませて焼く。

10 焼き上がったらやさしくショック（p.8の**10**参照）をし、ラム酒を塗る。好みでナパージュをして（p.234参照）、バナナ、シナモンスティック、バニラビーンズのさやを飾る。

ケイク・マーブレ
Cake mable

製作／栗山有紀

●材料 [16cmのパウンド型1台分]
無塩バター──130g
グラニュー糖──130g
全卵──130g
バニラエッセンス──1滴
薄力粉──130g
ベーキングパウダー──1g
ココアパウダー──9g
＊仕上げ用
ラム酒──適宜

●オーブン温度・時間
ガスオーブン／170℃で30分、160℃に下げて10～15分
電気オーブン／180℃で30分、170℃に下げて10～15分

1 バターは室温に戻し、柔らかくしておく。グラニュー糖は3、4回に分けて加えて混ぜる。

2 白っぽくなるまで、しっかり混ぜる。

3 全卵を溶きほぐし、**2**に数回に分けて入れ、そのつど混ぜる。

4 バニラエッセンスを加える。

5 薄力粉とベーキングパウダーを、ふるい加える。

6 生地を半分別に取り、ココアパウダーを加える。

7 ゴムべらでしっかり混ぜる。

8 まず、ベースの生地を紙を敷いた型に流し、つぎにココア生地を数カ所におく。

9 竹串を使ってマーブル模様になるように、かき混ぜる。やさしく作業台に落とし、空気を抜く。

10 中央をゴムべらでくぼませて焼く。焼き上がったらやさしくショック（p.8の**10**参照）をし、ラム酒を塗る。

PART 1 基本のケーキ 人気のおいしいケーキ

赤い実のケーキ
Berry pound cake

製作／柳瀬久美子

ダークチェリー、ラズベリー、ブルーベリーを
生地に混ぜ込んで作るパウンドケーキです。
アーモンドパウダーを加え、風味豊かに仕上げました。
おもてなしには小さく切り分け、粉糖でちょっぴりおめかしさせて。

●材料
[直径20cmのエンゼル型1台分]
＊パウンド生地
無塩バター——160g
上白糖——150g
アーモンドパウダー——40g
全卵——2個（L玉）
薄力粉——220g
ベーキングパウダー——小さじ1と1/2
ダークチェリー（缶詰）——50g
ラズベリー——50g
ブルーベリー——50g
キルシュ——大さじ1
＊仕上げ用
粉糖——適宜

●オーブン温度・時間
160℃で40〜50分

●下準備
・バターは室温に戻して、柔らかくしておく。
・アーモンドパウダーはふるっておく。
・薄力粉、ベーキングパウダーは合わせてふるっておく。

1 ダークチェリーは水気を切って半分にカットし、ラズベリー、ブルーベリーと共にボウルに入れ、キルシュをふりかけておく（写真a）。

2 型にはバター（分量外）を薄く塗り、強力粉（分量外）をふりかけ、余分な粉は払っておく。

3 室温に戻したバターをボウルに入れ、ホイッパー、またはハンドミキサーでなめらかなクリーム状に練る。上白糖を入れ、白っぽくふんわりとしてくるまでよく混ぜ合わせたら、アーモンドパウダーを加えて混ぜる（写真b）。

4 全卵を溶きほぐし、3に5〜6回に分けて加え、そのつどよく空気を抱き込ませるようにハンドミキサーで混ぜる（写真c）。

5 合わせてふるった粉類を入れ、さっくりと粉っぽさがなくなるまでゴムべらで混ぜ合わせたら、1を加え、ムラなく合わせる。

6 型に流し入れ、作業台にトントンと軽く落として中の空気を抜く。160℃のオーブンで40〜50分焼く。粗熱を取って型からはずし、粉糖をふる。

PART 1 基本のケーキ 人気のおいしいケーキ

キャラメルバターケーキ
Caramel butter cake

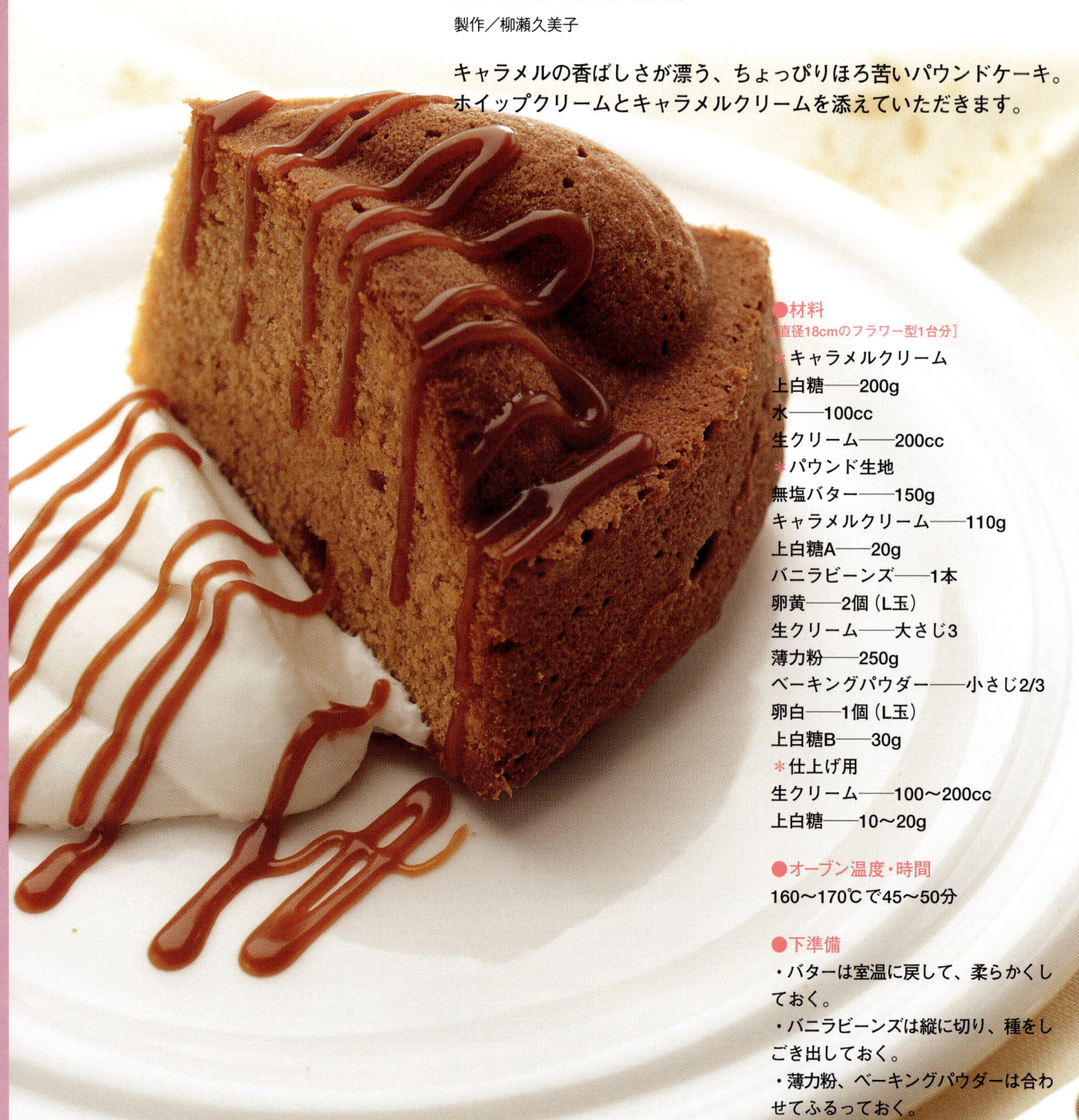

製作／柳瀬久美子

キャラメルの香ばしさが漂う、ちょっぴりほろ苦いパウンドケーキ。
ホイップクリームとキャラメルクリームを添えていただきます。

●材料
[直径18cmのフラワー型1台分]

＊キャラメルクリーム
上白糖——200g
水——100cc
生クリーム——200cc

＊パウンド生地
無塩バター——150g
キャラメルクリーム——110g
上白糖A——20g
バニラビーンズ——1本
卵黄——2個（L玉）
生クリーム——大さじ3
薄力粉——250g
ベーキングパウダー——小さじ2/3
卵白——1個（L玉）
上白糖B——30g

＊仕上げ用
生クリーム——100〜200cc
上白糖——10〜20g

●オーブン温度・時間
160〜170℃で45〜50分

●下準備
・バターは室温に戻して、柔らかくしておく。
・バニラビーンズは縦に切り、種をしごき出しておく。
・薄力粉、ベーキングパウダーは合わせてふるっておく。

PART 1 基本のケーキ 人気のおいしいケーキ

●キャラメルクリームを作る
1 鍋に、上白糖と水を入れて火にかけ、キャラメル状にする（写真a）。
2 好みのキャラメル色になったら火を止め、生クリームを注ぐ（写真b）。木べらでムラなく混ぜ合わせる。
3 粗熱を取り、冷蔵庫で保存する。
＊保存期間は約3週間です。

●パウンドケーキを作る
1 型にはバター（分量外）を薄く塗り、強力粉（分量外）をふりかけ、余分な粉は払っておく。
2 室温に戻したバターをボウルに入れ、ホイッパー、またはハンドミキサーでなめらかなクリーム状に練る。キャラメルクリーム（仕上げ用に少量取りおいておく）、上白糖A、バニラビーンズの種を入れ、白っぽくふんわりとしてくるまでよく混ぜ合わせる（写真c）。
3 卵黄を1個ずつ加え、そのつどよく空気を抱き込ませるようにハンドミキサーで混ぜる。続いて生クリームも加え、同様に混ぜ合わせる。
4 別のボウルに、卵白と上白糖Bを入れる。ハンドミキサーで泡立て、しっかりとしたメレンゲを作る（写真d）。
5 でき上がったメレンゲの1/3量を3のボウルに入れ、ゴムべらでさっくりと混ぜ合わせる（写真e）。
6 合わせてふるった粉類を入れ、粉っぽさがなくなるまで、練らないように気を付けながらゴムべらで混ぜ合わせる。残りのメレンゲも加え、同様に合わせる。
7 型に流し入れ、作業台にトントンと軽く落として中の空気を抜く。
8 160〜170℃のオーブンで45〜50分焼く。真ん中に竹串を刺し、何もくっついてこなければ焼き上がり。粗熱を取って型からはずす。

●ホイップクリームを作り、仕上げる
生クリームと上白糖をボウルに入れ、ホイッパーで六分立てに泡立てる。カットして皿にのせたケーキの横に添え、キャラメルクリームをかける。

チーズケーキ

プレーンベイクドチーズケーキ
Plain baked cheese cake

制作／六名泰子　作り方／p.50〜51

チーズケーキといえば、このベイクドチーズケーキ。しっとりとした口当たりと、サクサクの底生地がマッチして、また作りたくなることまちがいなし！！
でき上がってからすぐに食べるのもおいしいですが、冷蔵庫に入れて一晩寝かせるのがおすすめ。こっくりとして、より"濃厚な味"が堪能できます。

プレーンレアチーズケーキ
Plain rare cheese cake

制作／六名泰子　作り方／p.53

基本のレアチーズケーキは、あえて飾らず、シンプルに仕上げました。
素材の味がしっかりと感じられるケーキです。基本をマスターしたら、あとは自分でも
いろいろアレンジして、バリエーションを広げるのも楽しいですね。

PART 1　基本のケーキ　チーズケーキ

基本生地
"パート・シュクレ"を作りましょう

まずは、基本のシュクレ生地を作ります。
"パート・シュクレ"は、バターを柔らかくしてから作る、砂糖入りの甘いタルト生地。
生地が少しだけ余ってしまった場合などは、クッキーのように
型抜きして焼けば、そのままでも、じゅうぶんおいしくいただけます。

●材料[直径18cmのタルト型4台分]
バター(発酵無塩)──115g
粉糖──75g
バニラビーンズ──少々
全卵──40g(L玉約2/3個)
アーモンドパウダー──25g
薄力粉──200g
塩──少々

●オーブン温度
180℃

●下準備
・バターは室温に戻し柔らかくしておく。
・バニラビーンズを縦に切り、中の種をしごき出す。
・粉糖、薄力粉+塩、アーモンドパウダーは、それぞれふるっておく。

●シュクレ生地を作る

1 ボウルに、バター、粉糖、バニラビーンズの種を入れて、ホイッパーでよくすり混ぜる。
2 1に、溶きほぐした全卵を何回かに分けて加え混ぜる。
3 2にアーモンドパウダーを加えてゴムべら(木べらもよい)で混ぜ、薄力粉+塩を加えてボウルの縁に押し付けるようにすり混ぜる。
4 ビニールシートに入れ、めん棒で平らに成形し、冷蔵庫で一晩休ませる。シュクレ生地のでき上がり。
5 シュクレ生地は、めん棒で叩いてから伸ばす。
6 少量の打ち粉(強力粉、分量外)をして、厚さ3mmに伸ばす。

●シュクレ生地を型に敷く

＊大きい型に敷く場合

1 生地をめん棒に巻き付け、型の上に広げる。
2 指で軽く型の縁を押しながら、生地を底にくっつける。
3 めん棒を型の上ですべらせ、余分な生地をカットする。
4 指で押して、型の側面に生地をしっかりとくっつける。
5 縁からはみ出した生地をパレットナイフで切り落とし、冷蔵庫に入れて冷やす。

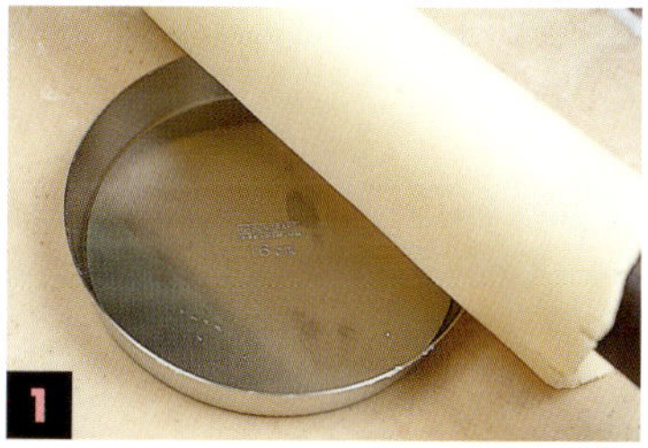

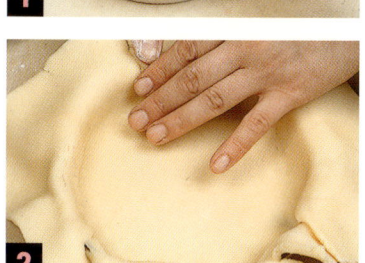

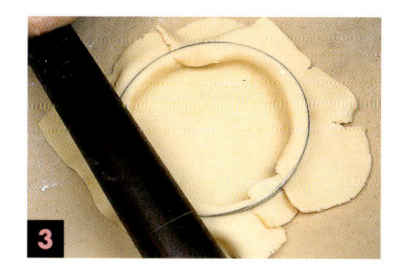

＊小さい型に敷く場合

1 伸ばした生地に、型を逆さにしておき、型の1cmくらい外側をナイフでカットする。
2 指で押して、型の側面に生地をしっかりとくっつける。縁からはみ出した生地をパレットナイフで切り落とす。

●ピケをして、"から焼き"をする

1 フォークなどで、生地に適当に穴をあけてピケ（刺して穴をあけること）をする。
2 オーブンシートを型に合わせてひと回り大きく切り、敷いた生地の上におき、重しをのせる。180℃のオーブンに入れ、縁がうっすらときつね色になったら重しを取り、全体がうっすらときつね色になるまで"から焼き"する。
3 オーブンから出し、粗熱が取れるまでおく。

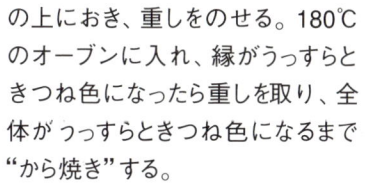

PART 1 基本のケーキ チーズケーキ

49

プレーンベイクドチーズケーキ
Plain baked cheese cake

写真／p.46

●材料 ［直径18cmのタルト型1台分］
＊底生地
シュクレ生地（p.48参照）──1台
＊生地
無塩バター──50g
クリームチーズ──250g
サワークリーム──50g
グラニュー糖──60g
全卵──1.5個（L玉）
薄力粉──15g
生クリーム（乳脂肪分47％）──70cc

●オーブン温度・時間
170℃で約25分

●下準備
・バター、クリームチーズは室温に戻し、柔らかくしておく。
・薄力粉はふるっておく。

●底生地を作る

1 p.48を参照して、"パート・シュクレ"生地を作り、型に敷いて"から焼き"しておく。

●生地を作る

2 バターとクリームチーズ、サワークリームをボウルに入れてゴムべらでほぐし、ホイッパーでなめらかな状態になるまでよく混ぜる。

3 グラニュー糖を加えてよくすり混ぜる。

4 溶きほぐした全卵を、少量加えて混ぜる。

5 さらに何回かに全卵を分けて加え、よく混ぜる。

6 薄力粉を少しずつふり入れて、混ぜる。

7 生クリームを加えて混ぜる。

8 底生地を敷いた型に流す。

9 170℃のオーブンで約25分、真ん中がふっくらと膨らんでくるまで焼く。

10 オーブンから出し、粗熱が取れるまで冷ます。

PART 1 基本のケーキ チーズケーキ

基本生地 "ジェノワーズ" を作りましょう

焼き上がりもきめ細かく、しっとりとソフトなスポンジ生地です。
一般には、ショートケーキやロールケーキなどのベースとして使われるので、マスターしておけばさまざまなお菓子作りに役立ちます。

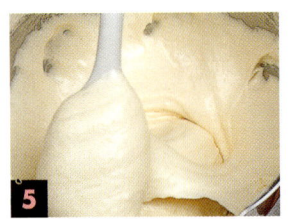

●材料 [直径18cmの丸型1台分]
全卵────200g（L玉約3.5～4個）
グラニュー糖────120g
はちみつ────3g
バター（発酵無塩）────12g
牛乳────10cc
薄力粉────100g
アーモンドパウダー────20g

●オーブン温度・時間
170℃で約25分

●下準備
・型の底と側面にオーブンシートを敷いておく。
・薄力粉とアーモンドパウダーを合わせてふるっておく。

point
残ったジェノワーズは、ラップできちんと包み、冷凍庫で保存しておきます。冷凍庫であれば、約2週間は保存可。次回に使用する場合は、前の日に冷蔵庫に移して解凍します。

●生地を作る

1 ボウルに、溶きほぐした全卵、グラニュー糖、はちみつを入れて、湯せんにかけながらホイッパーですり混ぜる。40℃前後になるまで、混ぜながら湯せんにかける。

2 別のボウルに、バターと牛乳を入れて湯せんにかけて溶かす。

3 1が人肌強になったら、湯せんからはずし、ハンドミキサーの高速で泡立てたら (a)、白くもったりとし、上から落とすとリボン状に跡が残るくらい (b) まで泡立てる。ハンドミキサーを低速にかえ、かくはんしながらきめを整える。

4 薄力粉＋アーモンドパウダーを一度にふり入れ、ゴムべらで底からすくい上げるようにして丁寧に混ぜる。混ぜすぎに注意。

＊混ぜすぎると泡がつぶれ、焼き上がりがぺしゃんこになります。

5 4の生地を少量とって2に加えて混ぜる。それを4のボウルに戻して混ぜる。

6 オーブンシートを敷いた型に流し、170℃で約25分焼く。型から出し、逆さにしてケーキクーラーの上におき、粗熱が取れるまで冷ます。ジェノワーズのでき上がり。

●スライスして、抜き型で抜く場合

1 スライスする場合は、厚みのある棒などを2本用意し、生地をはさむようにして置き、波形ナイフで前後に揺らしながらゆっくりと動かし、スライスする。回転台において回しながら切ってもよい。

2 セルクルの底に敷く場合は、セルクルか、そのサイズの抜き型で抜く。

プレーンレアチーズケーキ
Plain rare cheese cake

写真／p.47

●材料 [直径18cmのセルクル1個分]
＊底生地
ジェノワーズ（p.52参照）
＊生地
板ゼラチン──9g
クリームチーズ──200g
サワークリーム──40g
卵黄──2.5個（L玉）
グラニュー糖A──45g
牛乳──180cc
グラニュー糖B──45g
生クリーム（乳脂肪分38％）
　　　　　──150cc

●下準備
・クリームチーズは室温に戻し、柔らかくしておく。
・板ゼラチンは、たっぷりの水につけて戻しておく。

●底生地を作る

p.52を参照して、"ジェノワーズ"生地を作り、1cmにスライスし、型の底に敷いておく。

●生地を作る

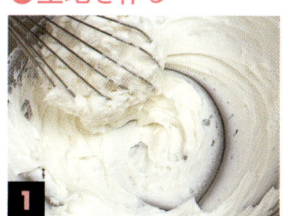

1 ボウルに、クリームチーズとサワークリームを入れ、ホイッパーでよく混ぜる。

2 別のボウルに溶きほぐした卵黄とグラニュー糖Aを入れ、白っぽくなるまですり混ぜる。

3 鍋に、牛乳とグラニュー糖Bを入れて火にかける。沸騰したら火を止め、2に少しずつ加えて混ぜ、鍋に戻す。

4 弱火にかけ、へらで絶えず混ぜながら、底が焦げつかないように注意して徐々に加熱する。へらを指でなぞって"スーッ"と一文字がつくくらいとろみを付けたら火からはずす。
＊急激に温度を上げたり加熱しすぎると"黄身のかたまり"ができてしまうので注意しましょう。

5 4に水気をギュッと絞った板ゼラチンを加えて混ぜ溶かし、冷水につけて人肌に冷ます。漉してボウルに移す。

6 5を少しずつ1に加えて混ぜる。

7 生クリームを七分立てに泡立てる。このとき氷水に当てて泡立てること。

8-a 泡立てた生クリームを何回かに分けて加え混ぜる。

8-b 最後にゴムべらで軽く合わせ、ジェノワーズを敷いた型に流し、冷蔵庫で約3時間冷やし固める。

9 熱い蒸しタオルなどをセルクルのまわりに当て、型からはずす。

PART 1　基本のケーキ　チーズケーキ

オレオクッキーに、赤いフルーツをのせて
Oreo & Berry cheese cake

製作／六名泰子

●底生地を作る
1 オレオクッキーの間のクリームを取り、クッキーのみを分量用意する。ビニール袋（薄めなら2枚を重ねるとよい）に入れ、めん棒で叩いて砕き（写真a）、ボウルに移す。
2 バターを溶かし、ボウルに入れたクッキーに少しずつ回しかけ、スプーンなどでなじませる。
3 型の底に敷き、スプーンの背を使って平らにしながら、隙間なく覆う。冷蔵庫に入れて冷やす。

●生地を作る
1 p.53を参照して、レアチーズケーキ生地を作る。
2 オレオクッキーを敷いた型に流して、冷蔵庫で3時間くらい冷やし固める（写真b）。
3 鍋に、イチゴジャムと水（分量外）を少々入れて火にかける。クツクツと煮て、刷毛で塗りやすい固さになったら火を止める。
4 鍋にベリー類を加えてからめ、冷やした2に盛り付ける。さらに、刷毛で3をベリー類に塗る。

●材料
[直径15cmのセルクル1個分]
＊底生地
オレオクッキー──70g
無塩バター──40g
＊生地
板ゼラチン──7g
クリームチーズ──150g
サワークリーム──30g
卵黄──2個（L玉）
グラニュー糖A──34g
牛乳──135cc
グラニュー糖B──34g
生クリーム（乳脂肪分38％）──113cc
＊仕上げ用
ブルーベリー──60g
フランボワーズ──80g
グロゼイユ（冷凍）──60g
イチゴ──4個
イチゴジャム──適宜

●下準備
・クリームチーズは室温に戻し、柔らかくしておく。
・板ゼラチンは、たっぷりの水につけて戻しておく。

●材料
[直径15cmのセルクル1個分]
＊底生地
グラハムクラッカー──70g
無塩バター──40g
＊生地
板ゼラチン──7g
クリームチーズ──150g
サワークリーム──30g
卵黄──2個（L玉）
グラニュー糖A──34g
牛乳──135cc
グラニュー糖B──34g
生クリーム（乳脂肪分38％）──113cc
＊仕上げ用
パイナップル──120g
スターフルーツ──5枚
アプリコット（缶詰・半切り）──5枚
マンゴー──120g
あんずジャム──適宜
ミント──適宜

●下準備
・クリームチーズは室温に戻し、柔らかくしておく。
・板ゼラチンは、たっぷりの水につけて戻しておく。

●底生地を作る
1 グラハムクラッカーをビニール袋（薄めなら2枚を重ねるとよい）に入れ、めん棒で叩いて砕き（写真a）、ボウルに移す。
2 バターを溶かし、ボウルに入れたクッキーに少しずつ回しかけ、ゴムべらなどでなじませる（写真b）。
3 型の底に敷き、スプーンの背を使って平らにしながら、隙間なく覆う（写真c）。冷蔵庫に入れて冷やす。

●生地を作る
1 p.53を参照して、レアチーズケーキ生地を作る。
2 グラハムクラッカーを敷いた型に流して、冷蔵庫で3時間くらい冷やし固める。
3 鍋に、あんずジャムと水（分量外）を少々入れて火にかける。クツクツと煮て火を止める。
4 冷やした2にフルーツを盛り付け、刷毛で3をフルーツに塗る。ミントを飾る。

グラハムクラッカーに、トロピカルフルーツをのせて
Cracker & Tropical fruits cheese cake

製作／六名泰子

PART 1 基本のケーキ　チーズケーキ

ちっちゃくて可愛い、プチレアチーズケーキ。
チョコ、イチゴは、それぞれ生地と軽く混ぜて冷やし固めます。
生地を途中で少し取り分けて、それぞれに、チョコ、イチゴを加えて混ぜています。
食べる直前に、ココアパウダー、フレーズジュレをかけて召し上がれ。

チョコ＆イチゴの
マーブルレアチーズケーキ
Marbled rare cheese cake

製作／六名泰子

●材料［直径5.5cmのセルクル8個分］
＊底生地
シュクレ生地（p.48参照）
＊生地
クリームチーズ——180g
サワークリーム——36g
グラニュー糖——54g
生クリーム（乳脂肪分38％）——240cc
板ゼラチン——6g
クーベルチュールチョコレート——30g
＊フレーズジュレ——50g
イチゴ——100g
グラニュー糖——75g
＊仕上げ用
ココアパウダー——適宜

●オーブン温度・時間
175℃で約8分

●下準備
・クーベルチュールは細かく刻んでおく。
・クリームチーズは室温に戻し、柔らかくしておく。
・板ゼラチンは、たっぷりの水に浸けて戻しておく。

●底生地を作る
1 p.48を参照して、"パート・シュクレ"生地を作り、できるだけ薄く伸ばす。6番の抜き型で抜き、175℃のオーブンで約8分焼いて（写真a）、セルクルの底に敷いておく。

●生地を作る
1 ボウルに、クリームチーズを入れ、ホイッパーでよく練り混ぜる。サワークリームを加えて混ぜ合わせたら、グラニュー糖を加えてすり混ぜる。
2 別のボウルで生クリームを七分立てに泡立てる。このとき氷水に当てて泡立てること。
3 戻した板ゼラチンの水気をギュッと絞り、ボウルに入れ、湯せんにかけて溶かす。グラグラと煮立たせないように注意。ゼラチンが溶けたら火からはずし、泡立てた生クリームをひとすくい加えて伸ばす。
4 残りの生クリームを2回に分けて**1**に加え、混ぜ合わせる。そこに**3**を加えて混ぜる。生地のでき上がり。

●チョコレート、
　フレーズジュレを作り、混ぜる
1 ボウルに刻んだクーベルチュールを入れ、湯せんにかけて溶かし、約50℃にしておく。グラグラと煮立たせないように注意（写真b）。
2 フレーズジュレを作る。洗ったイチゴのへたをとり、ミキサーにかけてピューレ状にしてから漉して鍋に移す。グラニュー糖を加えてクツクツと煮る（写真c）。少しとろみが付いたら冷水に当てて冷ます。

PART 1 基本のケーキ チーズケーキ

3 でき上がった生地を半量に分ける。
＊ひとつはチョコマーブル用に、もうひとつはイチゴマーブル用に使用します。

4 それぞれの1/3量を別のボウルに移し、溶かしたチョコレート（またはフレーズジュレ50g）を加え、しっかりと混ぜる（写真d）。

5 それぞれを、残りの2/3量の生地と軽く混ぜ合わせ、マーブル模様にする。

6 シュクレ生地を敷いた型に流して、表面を平らにならす。冷蔵庫で約3時間冷やし固める。食べる直前にセルクルをしたままココアパウダー（またはフレーズジュレの残り）を表面にかけ（写真e）、セルクルをはずす。
＊ココアパウダーは茶漉しでふりかけます。

point
5でチョコレート、フレーズジュレをそれぞれしっかり混ぜた生地と、何も混ぜていない残りの生地を混ぜ合わせるときは、ゴムべらで数回、底からすくい上げるようにして軽く、手早く混ぜます。
しっかり合わせすぎてしまうとマーブル模様にはならないので気を付けましょう。

57

ティベール
Powdered tea cheese cake

製作／六名泰子

クリームチーズと抹茶がほどよくマッチした、上品で味わいのあるチーズケーキです。表面には、少し濃い抹茶のゼリーをかけて、味に濃淡を出しました。

● 材料
[直径15cmのセルクル1台分]

＊底生地
ジェノワーズ（p.52参照）

＊生地
クリームチーズ——150g
サワークリーム——30g
グラニュー糖——50g
抹茶（粉末）——10g
生クリーム（乳脂肪分38％）——200cc
板ゼラチン——5g

＊抹茶ゼリー
抹茶（粉末）——5g
グラニュー糖——5g
水——25cc
牛乳——25cc
板ゼラチン——1g

● 下準備
・クリームチーズは室温に戻し、柔らかくしておく。
・抹茶をふるっておく。
・板ゼラチンは、たっぷりの水（分量外）につけて戻しておく。

PART 1 基本のケーキ チーズケーキ

● 底生地を作る
1 p.52を参照して、"ジェノワーズ"生地を作り、1cmにスライスし、型の底に敷いておく。

● 生地を作る
1 ボウルにクリームチーズを入れ、ホイッパーでよく練り混ぜる。サワークリームを加えて混ぜ合わせたら、グラニュー糖を加えてすり混ぜる。
2 抹茶をふり入れ、よく混ぜる（写真a）。
3 別のボウルで生クリームを七分立てに泡立てる。このとき氷水に当てて泡立てること。
4 戻した板ゼラチンの水気をギュッと絞り、ボウルに入れ、湯せんにかけて溶かす。グラグラと煮立たせないように注意。ゼラチンが溶けたら火からはずし、泡立てた生クリームをひとすくい加えて伸ばす（写真b）。
5 残りの生クリームを2回に分けて2に加え、混ぜ合わせる。4を加えて混ぜたら、ジェノワーズ生地を敷いた型に流して（写真c）、表面を平らにならす。上に仕上げ用のゼリーを流すので、セルクルの縁ぎりぎりまで生地を流さないように注意。冷凍庫へ30分入れて表面を固める。生地のでき上がり。

● 仕上げ用の抹茶ゼリーを作る
1 ボウルに、抹茶とグラニュー糖を入れて軽く混ぜる。
2 鍋に、水と牛乳を入れて火にかけ、沸騰させる。沸騰したら火からはずす。
3 1に2を少しずつ加えて混ぜ、鍋に戻し、もう一度沸騰させる。火を止め、戻して水気を絞った板ゼラチンを加えて混ぜ溶かす。
4 別のボウルに漉しながら移し、冷水に当て、粗熱が取れるまでおく。人肌以下に冷めたら、冷凍庫に入れて表面を固めた生地の上に流す（写真d）。
＊生地の上が固まっていないと、ゼリーが下の生地に混ざってしまうので注意しましょう。
5 冷蔵庫に入れて3時間くらい冷し固める。好みで生クリームや、あん、黒みつなどを添えていただく。

point
ゼラチンを加えるときは、必ず火を止めてから加えます。
ゼラチンは、加熱すると溶け、冷やすと固まる性質がありますが、あまりに高い熱に当てると、固まる性質がなくなってしまいます。
ですので、ゼラチンを加えて作るお菓子の場合は、必ず"火からはずしたあと"に加えましょう。

スフレ・フロマージュ
Soufflé fromage

製作／栗山有紀

メレンゲを加えて軽さを出したチーズケーキ。
生クリームとヨーグルトを加えて、なめらかに仕上げました。

●材料 [直径18cmのデコ型1台分]

無塩バター──20g
クリームチーズ──126g
卵黄──55g
薄力粉──15g
牛乳──14g
生クリーム──30g
ヨーグルト──14g
レモン汁──10g
卵白──120g
グラニュー糖──50g
＊仕上げ用
ナパージュ（p.234参照）──適宜

●オーブン温度・時間

ガスオーブン／150℃で50分
電気オーブン／160℃で50分

PART 1 基本のケーキ　チーズケーキ

1 オーブンペーパーを、型より高めにセットする。

2 バターとクリームチーズを室温に戻し、柔らかくしてから混ぜる。

3 卵黄を数回に分けて入れ、そのつど混ぜる。

4 薄力粉をふるい入れる。

5 別のボウルに牛乳、生クリーム、ヨーグルト、レモン汁を合わせ、4に混ぜる。

6 卵白にグラニュー糖を数回に分けて泡立て、メレンゲを作る。

7 5にメレンゲを加え、ホイッパーで混ぜる。

8 型に流し入れる。

9 熱湯をはった天板にのせ、オーブンで焼く。焼き上がりは、型に入れたまま冷ます。仕上げにナパージュ（p.234参照）をする。

ミルクレープ
Mille crepe
製作／六名泰子

"千枚のクレープ"という名の通り、
間にチーズクリームを幾層にも重ねて仕上げました。
冷蔵庫で冷やしてからのほうが、おいしくいただけます。
メープルソースを添えて召し上がれ。

●材料
[直径18cmのセルクル1個分]
＊クレープ生地
薄力粉——50g
強力粉——50g
グラニュー糖——35g
塩——少々
全卵——2個（L玉）
牛乳——300cc
バター（発酵無塩）——20g
＊チーズクリーム
生クリーム（乳脂肪分38％）——240cc
グラニュー糖——18g
ブリヤ・サバランチーズ——240g
はちみつ——15g
＊メープルソース
きび砂糖——50g
水——12cc
メープルシロップ——25g
生クリーム（乳脂肪分38％）——60cc

●下準備
・薄力粉、強力粉、グラニュー糖、塩は合わせてふるっておく。
・ブリヤ・サバランチーズは布の上にのせ、水切りをする。室温に戻し、柔らかくしておく。

●クレープ生地を作る

1 ボウルに薄力粉、強力粉、グラニュー糖、塩を入れる。
2 1の中心に溶きほぐした全卵を入れ、ホイッパーで粘りが出るまで、約1分間混ぜる（写真a）。
3 2に牛乳の1/2量を加えて混ぜる。
4 鍋にバターを入れ、少しきつね色になるまで火を通す。3に加えて手早く混ぜ、残りの牛乳を加え、密閉できる容器に漉し移す。冷蔵庫で一晩休ませる。生地のでき上がり。
5 フライパンをよく熱してサラダ油（分量外）を薄く敷く。水気を含ませたタオルをガス台の近くに用意し、フライパンの底を少し付けて、粗熱を取る。大さじ2の生地を流し、直径約18cmに手早く広げ、中火にかける。底側の生地にうっすらと色が付いたらひっくり返し（写真b）、10秒くらいしたらバットに取り出す。同様にして10枚焼く。

●チーズクリームを作り、サンドする

1 生クリームにグラニュー糖を入れて、八分立てに泡立てる。このとき氷水に当てて泡立てること。
2 ボウルに柔らかくしたチーズ、はちみつを入れ、よく混ぜる（写真c）。
3 1をもう一度しっかりと泡立て、氷水につけながら2に2回に分けて加え、ゴムべらで軽く合わせる。混ぜすぎると分離するので注意。

4 焼いた生地を1枚敷き、チーズクリームの1/10量をのせ、カードで平らにならす。2枚めをのせ、同様にしてクリームをサンドして10枚重ねていく。でき上がったら冷蔵庫で冷やす。

＊18cmのセルクルを置き、まわりに壁を作るようにして作業するとクリームの厚さが均等になり、きれいに仕上げることができます（写真d）。

●メープルソースを作る

1 鍋に、きび砂糖と水を入れて中火にかける。キャラメル状になったら火を止め、メープルシロップ、生クリームを少しずつ加えて溶きのばす。もう一度火にかけ、軽く沸騰させる。

point
フライパンに生地を入れるときに少し"ジュッ"と音がするくらいの熱さが適温。生地に、プツプツと穴があくのは温度が高すぎです。
2枚め以降は、クッキングペーパーに油をしみこませたものを用意し、さっとフライパンをふいてから焼きましょう。

ブリヤ・サバランチーズ
牛乳にクリームを添加して作られる、フランスのチーズ。
乳脂肪分が多く、クリーミーなのが特徴。

PART 1 基本のケーキ　チーズケーキ

タルト

タルト・タタン
Tarte tatin
製作／栗山有紀

リンゴの酸味と、サクサク生地の
バランスがベストマッチなタルト・タタン。
パート・ブリゼのタルトは、
フランスの代表的なお菓子です。

●材料 [直径15cmのデコ型1台分]

*パート・ブリゼ
- 無塩バター──55g
- 薄力粉──100g
- グラニュー糖──10g
- 食塩──1g
- 全卵──30〜35g

*リンゴのソテー
- グラニュー糖A──30g
- 無塩バター──30g
- リンゴ（紅玉などの酸味があるもの）──3個
- グラニュー糖B──50g

●オーブン温度・時間

ガスオーブン／180℃で20分、170℃に下げて20分
電気オーブン／190℃で20分、180℃に下げて20分

PART 1 基本のケーキ タルト

●パート・ブリゼを作る

1 バターは細かく切って、冷凍しておく。薄力粉にバターを入れ、カードを使い切るように混ぜる。

2 グラニュー糖と食塩も加え、全てが混ざったところ。バターが小豆大になるまで切るように混ぜる。

3 全卵30gを真ん中に流し入れる。

4 カードを使い、こねないように切るように混ぜる。粉っぽいようなら、分量内で卵を足す。

5 卵が混ざったらラップに包み、冷蔵庫で1時間以上休ませる。ここでは粉っぽくてOK。

6 冷たい台（ここでは、大理石の台ですが、ステンレスの上でもOK）にのせ、めん棒で横幅の3倍くらいに伸ばす。
＊打ち粉（強力粉）を使うとめん棒と台に生地がくっつかず、作業がスムーズになる。

7 長くなったら、3つに折りたたみ、方向をかえ、4mm厚の正方形にのばす。

8 直径16cmのタルト型をのせ、外側の枠にそって切る。

9 フォークで穴をあける（ピケ）。

●リンゴのソテーを作り、仕上げる

1 フライパンにグラニュー糖Aを入れ、焦がしてカラメル状にしたところに、バターを加える。

2 厚さ3cmのくし形に切ったリンゴを並べ、カラメル色になるまでソテーする。

3 グラニュー糖Bを焦がしてカラメルを作り、型に流しておく。そこへソテーしたリンゴを並べる。

4 ピケした生地でふたをしてオーブンで焼く。焼き上がったら粗熱を取り、型からはずす。

タルト・ポワール
Tarte aux poires

製作／栗山有紀

洋梨をたっぷり使った、ジューシーな味わいのタルトです。
クレーム・ダマンドの焼き色とのコントラストが、華やかさを演出します。

PART 1 基本のケーキ　タルト

● 材料
[直径16cmのタルト型1台分]
＊パート・ブリゼ（p.64参照）
＊クレーム・ダマンド
　無塩バター──50g
　グラニュー糖──50g
　全卵──40g
　アーモンドプードル──50g
　ラム酒──適宜
　バニラエッセンス──適宜
＊仕上げ用
　洋梨のシロップ煮（缶詰）
　　　　　　──2〜3個
　ナパージュ（p.234参照）または
　　アプリコットジャム──適宜
　飾り用ピスタチオ──適宜

● オーブン温度・時間
ガスオーブン／180℃で40分
電気オーブン／190℃で40〜45分

● 下準備
・バターは室温に戻し、柔らかくしておく。

● 1〜7は、p.65を参照。

8 タルト型にパート・ブリゼ生地をのせ、内側の端と側面に、生地がしっかり行きわたるように指で整える。

9 はみ出た余分な生地は、型の枠にそって生地が型から2、3mm高くなるように切り、指で整える。

10 底の部分にだけ、フォークで穴をあける（ピケ）。

● クレーム・ダマンドを作り、仕上げる

11 ホイッパーでクリーム状にしたバターに、グラニュー糖を数回に分けて入れ、そのつど混ぜる。

12 全卵を数回に分けて入れ、そのつど混ぜる。

13 アーモンドプードルをふるい入れ、混ぜる。

14 ラム酒とバニラエッセンスを加え、混ぜる（クレーム・ダマンドのでき上がり）。

15 パート・ブリゼ生地を入れた型にクレーム・ダマンドを詰める。

16 洋梨の表面に切り込みを入れ、クレーム・ダマンドの上に並べる。真ん中には四角に切った洋梨をのせ、オーブンで焼く。

17 焼き上がりはナパージュをする（p.234参照）。またはアプリコットジャムを塗る。仕上げにピスタチオを飾る。

67

タルト・モンブラン
Tarte mont-blanc

製作／栗山有紀

粉糖とバニラビーンズなどでおめかしした、
クラシックなスタイルのモンブラン。
舌の上でとろけるような
クレーム・ド・マロンは、
一口食べたらやみつきになります

●材料[16cmタルト型1台分]
* パート・ブリゼ (p.64参照)
* クレーム・ダマンド (p.67参照)
* クレーム・ド・マロン ［約700g分］
(作りやすい最低量なので2台分あります)

栗の蒸し煮――200g
グラニュー糖――25g
無塩バター――50g
バニラビーンズ――1本
生クリームA――100g
マロンペースト――250g
生クリームB――80g

＊仕上げ用
生クリームC――150g
栗の渋皮煮――6〜7個
粉糖――適宜
飾り用ピスタチオ――適宜
バニラビーンズのさや――適宜

●オーブン温度・時間
ガスオーブン／180℃で40分
電気オーブン／190℃で40〜45分

※p.67の ●クレーム・ダマンドを作り、仕上げる 15から続く

16
クレーム・ダマンドを詰めた生地をオーブンで焼く。焼き上がったら、ケーキクーラーにのせ冷ます。固めに立てた生クリームCを絞る。

17
中央に栗の渋皮煮をのせ、栗と生クリームで山を作る。

●クレーム・ド・マロンを作り、仕上げる

18
鍋に栗の蒸し煮、グラニュー糖、バター、バニラビーンズ、生クリームAを入れ、沸騰してからさらに5分程煮る。

19
18をフードプロセッサーにかけ、ペースト状にする。

20
19を裏漉しする。

21
マロンペーストに生クリームBを入れ混ぜる。

22
21に20を少しずつ加え混ぜる。

23
ホイッパーを使い、しっかり混ぜる。クレーム・ド・マロンのでき上がり。

24
モンブラン用の口金を付けた絞り袋に、23を入れ、17のまわりを下から上に絞っていく。仕上げに粉糖をふり、好みで栗の渋皮煮、ピスタチオ、バニラビーンズのさやを飾る。

PART 1 基本のケーキ タルト

タルトフロマージュ
Tarte fromage

製作／六名泰子

ふたつのタイプのクリームチーズを、バランスよくブレンドして作りました。
ティータイムのデザートとしてはもちろん、
ちょっとしたプレゼントなどにしても喜ばれそう。

PART 1 基本のケーキ タルト

●材料
[直径9cmのタルト型4個分]
＊底生地
シュクレ生地（p.48参照）
＊生地
クリームチーズ（キリー）——150g
クリームチーズ（クラフト）
　　　　　　　　——120g
グラニュー糖——60g
全卵——2/3個（L玉）
生クリーム（乳脂肪分47％）——40cc
＊キャラメルソース
グラニュー糖——50g
水——少々
生クリーム（乳脂肪分38％）——45cc
＊仕上げ用
粉糖——適宜

●オーブン温度・時間
160℃で約20分

●下準備
・クリームチーズは室温に戻し、柔らかくしておく。

point
いろいろなタイプのクリームチーズがありますが、ここでは、キリーとクラフトをブレンドしました。
それぞれのクリームチーズに特徴があるので、ブレンドすることによって、好みの味に調節できます。
ひとつのクリームチーズだけでなく、組み合わせて使うことによって新しい味を発見するのも楽しいですね。

●底生地を作る
1 p.48を参照して、"パート・シュクレ"生地を作り、型に敷いて"から焼き"しておく。

●生地を作る
1 ボウルにクリームチーズ2種を入れ、ホイッパーでダマのないなめらかな状態になるまでよく混ぜる。
2 1にグラニュー糖を加えて混ぜ、溶きほぐした全卵を2回に分けて加え混ぜる（写真a）。
3 生クリームを加えて混ぜる。密閉容器に入れ、冷蔵庫で一晩休ませる（写真b）。
4 から焼きしたパート・シュクレに、**3**を縁のぎりぎりまでスプーンで入れ（写真c）、160℃のオーブンで約20分、真ん中がふっくらと膨らんでくるまで焼く。

●キャラメルソースを作る
1 小鍋にグラニュー糖を入れ、水をひたひたの状態まで入れて火にかける。
2 ときどき木べらで混ぜながら、弱火でゆっくりキャラメル状になるまで火にかける（写真d）。
3 火を止め、生クリームを少しずつ加えながら混ぜる（写真e）。なめらかな状態になったら冷ましておく。
4 タルトが完全に冷めたら、粉糖をタルトの縁にふり、オーブンシートなどを三角に切って作った絞り袋で、キャラメルソースを細く絞る。冷蔵庫でよく冷やしてからいただく。

フロマージュフラン
Fromage flan
製作／六名泰子

アプリコットとプルーンのしっとり感と、サクサクのシュクレ生地。
こんがりと焼けたブリーチーズがあいまって…。
シュクレ生地の底に、ジェノワーズ（スポンジ生地）を敷いて作るので、
少し手間がかかりますが、思わず頬が落ちてしまいそうなおいしさです。

●材料[直径18cmのタルト型1台分]

＊底生地
シュクレ生地（p.48参照）
ジェノワーズ（p.52参照）
＊生地
アプリコット（ドライ）──30g
グラニュー糖A──15g
プルーン（ドライ）──40g
グラニュー糖B──20g
クリームチーズ──150g
グラニュー糖C──50g
全卵──1個
コーンスターチ──12g
生クリーム（乳脂肪分47%）──80g
ブリーチーズ──60g

●オーブン温度・時間
170℃で約30分

●下準備
・クリームチーズは室温に戻し、柔らかくしておく。

point
底生地に溶いた卵を塗って、オーブンで2回軽く焼くのには、フルーツなどを詰めて焼くときに出る果汁が、生地の底からもれるのを防ぐ効果があります。

ブリーチーズ
ねっとりとしてまろやか、上品なコクと香りが特徴。手に入りにくい場合は、スーパーマーケットでも売られている"プチ・ブリー"をおすすめします。

●底生地を作る
1　p.48を参照して、"パート・シュクレ"生地を作り、型に敷いて"から焼き"をする。

2　溶き卵（分量外）を刷毛で塗り、乾かす程度に（1分くらい）170℃のオーブンに入れ、さらにこれをもう一度くり返す。

3　p.52を参照して、"ジェノワーズ"生地を作り、5mmにスライスして、シュクレ生地の上に敷いておく。

●生地を作る
1　アプリコットを水で洗い、鍋に入れる。ひたひたにつかるくらいの水（分量外）と、グラニュー糖Aを入れて沸騰させ、3分くらい弱火でクツクツと煮込み、冷ましておく。プラムも同様にして戻す。
＊できれば、そのまま一晩冷蔵庫でおくとよい。

2　ボウルにクリームチーズとグラニュー糖Cを入れ、ホイッパーでよくすり混ぜる。

3　全卵を溶きほぐし、半量を2に少しずつ加えながら混ぜる。

4　コーンスターチを加えて混ぜ、残りの全卵を少しずつ加えながら混ぜる（写真a）。

5　生クリームを加え混ぜ、別のボウルに漉し移す。

6　1のフルーツ類の水気を切り、半分にカットし、ジェノワーズを敷いたシュクレ生地に、均等になるように並べる（写真b）。

7　6に5を流し入れる。ブリーチーズをカットして、表面にのせる（写真c）。170℃のオーブンで約30分焼く。
＊ブリーチーズが柔らかすぎる場合は、冷凍庫で少し冷やし固めてからカットしましょう。

PART 1　基本のケーキ　タルト

シフォンケーキ

バニラシフォンケーキ
Vanilla chiffon cake

製作／小嶋ルミ・小笠原登茂子

バニラシフォンでシフォンケーキの基本の作り方を詳しく紹介します。
この作り方がすべてのシフォンケーキの基本となるので
きちんとマスターして下さい。ここでは20cmのシフォン型で作りますが、
17cm型のシフォンもほぼ同じように作って下さい。
バニラビーンズを入れない場合でも、
プレーンシフォンとしておいしくいただけます。

● 材料 [シフォン型1台分]

	17cm型	20cm型
卵黄	45g	80g
グラニュー糖A	48g	85g
サラダ油	28g	50g
湯	48g	85g
バニラビーンズ	1/8本	1/4本
薄力粉	65g	115g
ベーキングパウダー	小さじ1弱	小さじ2弱
卵白	90g	160g
グラニュー糖B	28g	50g
レモン汁	小さじ1/4強	小さじ1/2

● オーブン温度・時間

17cm型／180℃で23～26分
20cm型／180℃で30～35分

1 準備-A

すべてのシフォンケーキに共通する基本の準備です。
どのシフォンケーキを作る際にも、前もって準備しておいて下さい。

1 卵は別割りにして計量。卵白は、ボウルごと冷凍庫で少しまわりがシャリッとなるまでよく冷やす(15〜20分ぐらいが目安)。ボウルごと冷凍庫に入らなければ卵白は小さな容器で冷やし、ボウルは冷蔵庫で冷やしてもよい。ボウルごと冷やすと、容器の内側の空気も冷え、卵白が冷たいまま持続するのでよりベスト。
卵黄はひとまわり小さいボウルに入れておく。
＊ここでは20cm型のシフォンはL玉4個使用。割った卵のg数で表記してあります。

2 サラダ油をステンレスの小さな容器に入れておく。

3 薄力粉とベーキングパウダーを合わせてふるっておく。

4 レモン汁を絞っておく。
＊多めに絞ったレモン汁は冷凍保存も可。

5 手鍋などで多めにお湯を沸かしておく。冷めてしまったら使用する直前に再び沸かす。
＊お湯以外の液体フィリングが入る場合もあるので、それらの液体フィリングは各ページの準備-Bに入っています。準備-Bの作業の中には時間のかかるものもあり、準備-A、Bは手順を考え段取りよく行ってください。

6 オーブンを180℃に温めておく。

2 準備-B

基本のシフォンでは必要ありませんが、バリエーションシフォンを作るためのそれぞれの準備です。各シフォンケーキで準備-Bは異なるので、各ページを参照して下さい。

バニラビーンズは縦に切り込みを入れ、ナイフの背などで中の種をしごき出し、種とさやをサラダ油のボウルに混ぜておく。

＊この本では、プレーンシフォンにいろいろなフィリングを加えたものを、バリエーションシフォンと呼んでいます。

PART 1 基本のケーキ シフォンケーキ

3
卵黄とグラニュー糖A をすり混ぜる

1 卵黄を溶きほぐし、グラニュー糖Aを加える。

2 すぐにホイッパーで軽くすり混ぜる。ここで泡立てすぎないように。白くなるまで泡立てると、せっかくの卵の風味が減ってしまい、おいしさも半減。黄身ぶし(卵黄のかたまり)ができてしまうので、グラニュー糖を加えたら手早く混ぜて。

POINT 軽くすり混ぜます!

4
サラダ油のボウルに お湯を加える

サラダ油のボウルに、分量の沸騰したお湯を加える。ポットのお湯でもOK。

バリエーションポイント―1

液体フィリング*、オイル状フィリング*、ペースト状フィリング*を加えるタイミング

基本のシフォンでは、サラダ油にお湯を加えますが、バリエーションシフォンの場合、液体フィリング(果汁、紅茶液、牛乳など)はここで加えます。また、オイル状フィリング(ごま油など)、ペースト状フィリング(アーモンドペーストなど)を加える場合もここで加えます。

＊印についてはシフォンの法則(p.82)をご覧下さい。

5
卵黄とグラニュー糖を すり混ぜたものに、4 (サラダ油+お湯)を加える

1 お湯+サラダ油を加える。

POINT お湯を加えることによって卵黄に混ぜたグラニュー糖が溶けやすくなる。

2 全体がなじむようホイッパーで混ぜ合わせる。ここで泡立てる必要はない。
＊バニラビーンズを入れた場合、さやを取り除きます。

6 粉類を加え、卵黄生地を作る

合わせてふるっておいた薄力粉とベーキングパウダーを一度に加え、ホイッパーで手早く、粉が見えなくなるまで混ぜる。

POINT
粉っけがなくなればOK。長く混ぜる必要はない。

★

バリエーションポイント—2

固形フィリング※、ピューレ状フィリング＊を加えるタイミング

基本のシフォンでは、このポイントでは何も加わりませんが、バリエーションシフォンの場合、決め手となるフィリングがここで加わります。固形フィリング(ナッツ、ドライフルーツ類など)、ピューレ状フィリング(つぶしたバナナピューレなど)が★ポイントで加わります。粉類を加える前に加えてしまいましょう。

＊印についてはシフォンの法則(p.82)をご覧下さい。

バリエーションポイント—3

粉状フィリング＊を加えるタイミング

基本のシフォンでは薄力粉＋ベーキングパウダーのみ加わりますが、粉状フィリング(アーモンドパウダー、ココナッツパウダーなど)はここで加えます。薄力粉と一緒にふるっておいてもOK。

＊印についてはシフォンの法則(p.82)をご覧下さい。

PART 1 基本のケーキ　シフォンケーキ

7
卵白を泡立て、メレンゲを作る

はじめに加えるグラニュー糖はひとつまみ!!
全体が泡立ってから、グラニュー糖を2回に分けて加え泡立てます。こうするとふっくらメレンゲが手早く作れます。

1
まわりがシャリッとするまで冷やした卵白に、グラニュー糖少々(グラニュー糖Bから約小さじ1)とレモン汁を加え、ハンドミキサーの低速で、軽く混ぜる。

2
卵白がほぐれたらすぐに高速に変え、ハンドミキサー自体を絶えずぐるぐる回しながら、勢いよく3分〜4分半泡立てる(17cm型の場合は少し短く、2分〜2分半)。

> **POINT**
> ハンドミキサーは10秒で15〜20回ぐらいの速さで、ボウルのふちにそって大きく回す。

3
ほぼ全体がしっかりと泡立ってきたら、残りのグラニュー糖の半分を加え、30秒〜1分、勢いよく泡立てる。
再び卵白が盛り上がった感じになったら、残りのグラニュー糖全部を加え、さらに30秒〜1分、絶えずハンドミキサーを回しながら泡立て、卵白が少しもこもこした状態になるまでしっかりと泡立てる。泡立て始めてから5〜6分を目安にして。
＊泡立てた卵白のことをメレンゲと呼びます(ハンドミキサーの性能や泡立て方により多少時間が変わってきます)。

4 OK!
メレンゲがしっかりと固く立った状態。つやがあり、メレンゲの先がピッと立ち、保形性がある。メレンゲの先がおじぎするようならもう少し泡立てて。ボソボソになったり分離したりしないように。

NG!
ボソボソになったメレンゲ。長時間泡立てすぎたり、ハンドミキサーの回し方が足りず、ゆっくり立てたりするとボソボソになりやすい。また、冷やし方が足りず、卵白が常温に戻ってしまうと分離しやすい。この状態では卵黄生地となかなか混ざり合わず、泡がこわれてしまう。こうなってしまったら、手間でももう一度メレンゲ作りにトライ!!

8
卵黄生地とメレンゲを合わせる

1 卵黄生地のボウルに、固く立てたメレンゲの1/4～1/3量を加え、ホイッパーで手際よくかき混ぜて、なめらかな生地を作る。

2 なるべく大きくホイッパーを使い、短時間でさっと生地をなじませるように混ぜる。

3 これを残りのメレンゲのボウルに戻し入れる。

4 ゴムべらをボウルの底とふちに当てながら、中心から手前に生地をすくい上げるようにして手早く混ぜ合わせる（1秒間に3回くらいのスピードで）。そのたびに左手でボウルを素早く手前に回すこと。

5 35回～40回ほどでメレンゲが見えなくなるくらいが目安。このとき、残ったメレンゲを生地と混ぜ合わせようと何回も混ぜすぎると、生地がだれてしまうので、一度この時点で混ぜるのを止める。
残ったメレンゲは、ゴムべらの先や指先でその部分だけを触り、生地になじませるとよい。

6 できた生地は保形性があり、ふんわりしている。ゴムべらですくっても、すぐには落ちない状態がベスト。

＊生地がだらだらと流れてしまいました。こうなると型に流した生地量も少なくなり、ふっくらと焼き上がりません。メレンゲがうまく立たず、柔らかすぎると生地全体のこしがなくなり、流れやすくなります。
また立てすぎたりしたボソボソのメレンゲは卵黄生地と混ざりにくく、結果的に数多く混ぜることになり、メレンゲの泡が消え、生地がだらだらになってしまいます。最適なメレンゲ作りと、メレンゲの合わせが重要ポイント。

PART 1　基本のケーキ　シフォンケーキ

9
生地を型に入れ、焼く

1
生地をカードで大きくすくって、型に入れる。生地の上に重ねるように置き、重みで生地が自然に型にそっていくようにすると、大きな気泡ができにくい。

2
型に入れ終わったら、カードなどで上面を平らにする。生地は型の7〜8分目ぐらいに入るぐらいがベスト。＊多くのフィリングが入る場合は、それ以上の高さになることもある。

3
180℃に温めたオーブンに、型を入れる。途中で型を動かしたり、急に触ったりしてショックを与えると、うまく膨らまないことがあるので注意。

4
オーブンの中で最高に盛り上がったところ。ここで出してしまうとしぼんでしまうので、ちょっと待って。

POINT
17cm型は23〜26分、20cm型は30〜35分を目安に焼く。

5
少し盛り上がりが下がって、割れ目にも焼き色がついたら、オーブンから出す。

OK!
NG!

同じ分量で作った、ふんわりの生地とだらだらの生地。同じ生地でも混ぜ方によって生地量に差が出ます。焼き上がりのふんわり感にもこんなに差が…。

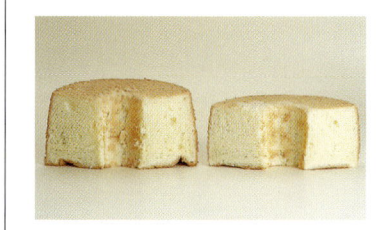

10
型からはずす

1 逆さにしないと生地が沈んでつまってしまうので、出した型はすぐに逆さにして冷まます。低めのコップなどの上にのせると冷めやすい。粗熱が取れたら冷蔵庫、または冷凍庫に入れて冷やすと、早く型から抜くことができる。

2 パレットナイフなどを生地と型の間にさし込み、外側に押し付けるように力を入れ、ナイフを一周させ、外のふちをはずす。

3 中心部はパレットナイフを何回かさして型からはずし、底板と生地の間にもパレットナイフをさし込み、回転させながらはずす。

4 ふんわりシフォンケーキのでき上がり！さぁ、いただきましょう。

5 シフォンを切るときは、波刃のナイフ(パン切りナイフ、カステラナイフ、またはその小型のものなど)で前後に小さく動かしながら、上から押さえないようにゆっくり切っていくときれいにカットできる。

フランボワーズソースを添えて、おもてなしのデザート風に。
＊フランボワーズソースの作り方はp.105参照。

PART 1 基本のケーキ シフォンケーキ

81

シフォンの法則

指導／小嶋ルミ・小笠原登茂子

シフォンケーキの基本は卵（卵黄、卵白）＋砂糖＋水（お湯）＋サラダ油＋薄力粉です。
これにいろいろな素材を加えることによって、シフォンケーキのバリエーションは自由自在！
味や香り、食感を出すための素材をここではフィリングと呼ぶことにして、それぞれの形状から
6つに分け、その役割と加えるタイミング、アレンジするときのちょっとしたコツをアドバイスします。
自分だけのオリジナルシフォンケーキを作るときにも、ぜひ参考にして下さい。

分類	代表的な素材	配合を考えるときのアドバイス
液体フィリング	水（お湯）の役割を果たすもの＊果汁、ジュース、牛乳、紅茶液など。	水（お湯）の全量、または一部を置き換える。ジュース類は糖分も増えることになるので、卵黄に加えるグラニュー糖で調節を。全体の水分の量は基本分量（17cm型／48g、20cm型／85g）の20％増ぐらいまで。基本の分量より水分が増えてしまうと、シフォン全体が柔らかすぎてフニャフニャになり、味も薄くなりやすい。また、水分量が少なすぎても固い仕上がりになってしまう（写真a）。
オイル状フィリング	サラダ油の役割を果たすもの＊ごま油、べに花油、グレープシードオイルなどの液体の油脂。	サラダ油の全量、または一部と置き換える。基本分量（17cm型／28g、20cm型／50g）よりも油分が増えると、グニャグニャと油っぽいものになる。また油分が少なすぎてもパサつきやすい。
粉状フィリング	薄力粉の役割を果たすもの＊アーモンドパウダー、ヘーゼルナッツパウダーなど。	薄力粉の一部と置き換える。プラスする場合は基本分量（17cm型／65g、20cm型／115g）の20％まで。基本の分量よりも増えると固くなり、ふんわり感が減る。減らしすぎるとフニャフニャになる（写真b）。
固形フィリング	基本材料にプラスされるもので、形のある固形物＊ナッツ、ドライフルーツなど。	水分の少ない素材は、ほとんどのものが固形フィリングとして加えられる。大きさは1cm以下にして。蒸したさつまいもや、かぼちゃなどを刻んだものもOK。焼成中に水分が出る生のフルーツなどは、そのまわりに大きな穴があきやすいので不向き。
ピューレ状フィリング	＊バナナをつぶしたもの、自家製のりんご煮のピューレなど水分と果肉が混ざり合ったものなので、液体フィリングと固形フィリング両方の要素を持つ。	ピューレの何パーセントかを水分として考え、水（お湯）の一部と置き換える。その分量の水（お湯）を減らす。果肉の部分は固形フィリングと考え、プラスされるものとして考える。
ペースト状フィリング	＊アーモンドペーストなど。オイル状フィリングと固形状フィリングの両方の要素を持つ。	ペースト状の何パーセントかを油分として考え、サラダ油の一部と置き換える。残りは固形フィリングと考え、プラスされるものとして考える。

ⓐ 左／水が基本分量の65%のもの
右／水が基本分量の170%のもの

ⓑ 左／粉が基本分量の70%のもの
右／粉が基本分量の170%のもの

加えるタイミング

●卵黄とグラニュー糖をすり混ぜた直後に加える。または、水（お湯）と一緒に加える。酸の強い果汁などは、水（お湯）と一緒に加えるか、またはその後に。

●卵黄に水（お湯）を加えた直後に加えるか、水（お湯）と一緒に加える。

●薄力粉と一緒にふるって加えるか、またはその前後に加える。つまりメレンゲと合わせる前に加える。

●水（お湯）とサラダ油を卵黄に加えた後。または薄力粉と一緒に加えてもよい。

●水（お湯）とサラダ油を卵黄に加えた後に加える。

●水（お湯）とサラダ油を卵黄に加えた後に加える。またはサラダ油に混ぜておいて加える。

その他の注意点

●基本材料の分量は、加わるフィリングの分量にもよりますが、基本的にはあまり変えないこと。シフォンのでき上がりが違ってしまいます。

●卵白に加えるグラニュー糖の量（17cm型／28g、20cm型／50g）は変えないこと。これを変えるとメレンゲの状態、つまり泡の強さ、大きさが違ってしまい、シフォンケーキ自体のでき上がりに影響が出てしまいます。その他の基本材料やフィリングは多少増減ができますので、自分の好みで作ることができます。例えば、ピューレや果汁が加わって糖分が増える場合は卵黄に加えるグラニュー糖を減らして下さい。

●ピューレ状フィリングで、生の果物や、缶詰の果肉をピューレにしたものは大きな穴ができやすいです。一度煮たりしたコンポートのピューレは多少穴はできにくいですが、水分全量と置き換えると失敗しやすいです。

point
生のフルーツプラムピューレを水分と置き換え、さらに果肉として加えたもの。大きな空洞がどんどん広がって、焼き上がり直前に全体が落ち込んで大失敗。

●固形フィリングで水分の多いもの（焼いている途中で水分が出てくるもの）、生のフルーツ、缶詰のフルーツを刻んだものは、そのまわりに穴があいてしまいます。自然にできてしまうものなので気にしなくてもよいのですが、形が崩れてしまうようならば、その量や大きさに注意して下さい。

point
缶詰のフルーツのまわりには、大きな穴が…

●チョコレートの粒やジャムなどをそのまま加えても、そのまわりに穴ができてしまいます。ココナッツパウダーなど油脂を多く含むフィリングが加わるとメレンゲが消失しやすく、生地全体がだれやすくなるので、メレンゲを混ぜ合わせる回数を減らしたり、作業を手早く行って下さい。

point
チョコレートチップを加えたもの。チョコが溶けて穴があいてしまいます。

●いろいろなフィリングの合計（基本材料の分量外でプラスされるもの）が卵白の分量（17cm型／90g、20cm型／160g）を大幅に超すと、このメレンゲの力でシフォンを膨らますことがむずかしくなり、膨らみの悪いずっしりした重たいものができてしまいます。ふんわりとしたシフォン感のあるものは、フィリングの量を卵白の量と同量〜1.5倍までに押さえる必要を感じました。

各フィリングの特性をよく理解したら、自分自身のセンスでいろんな味の、そしていろいろな組み合わせのシフォンケーキを作ってみて下さい。

PART 1 基本のケーキ　シフォンケーキ

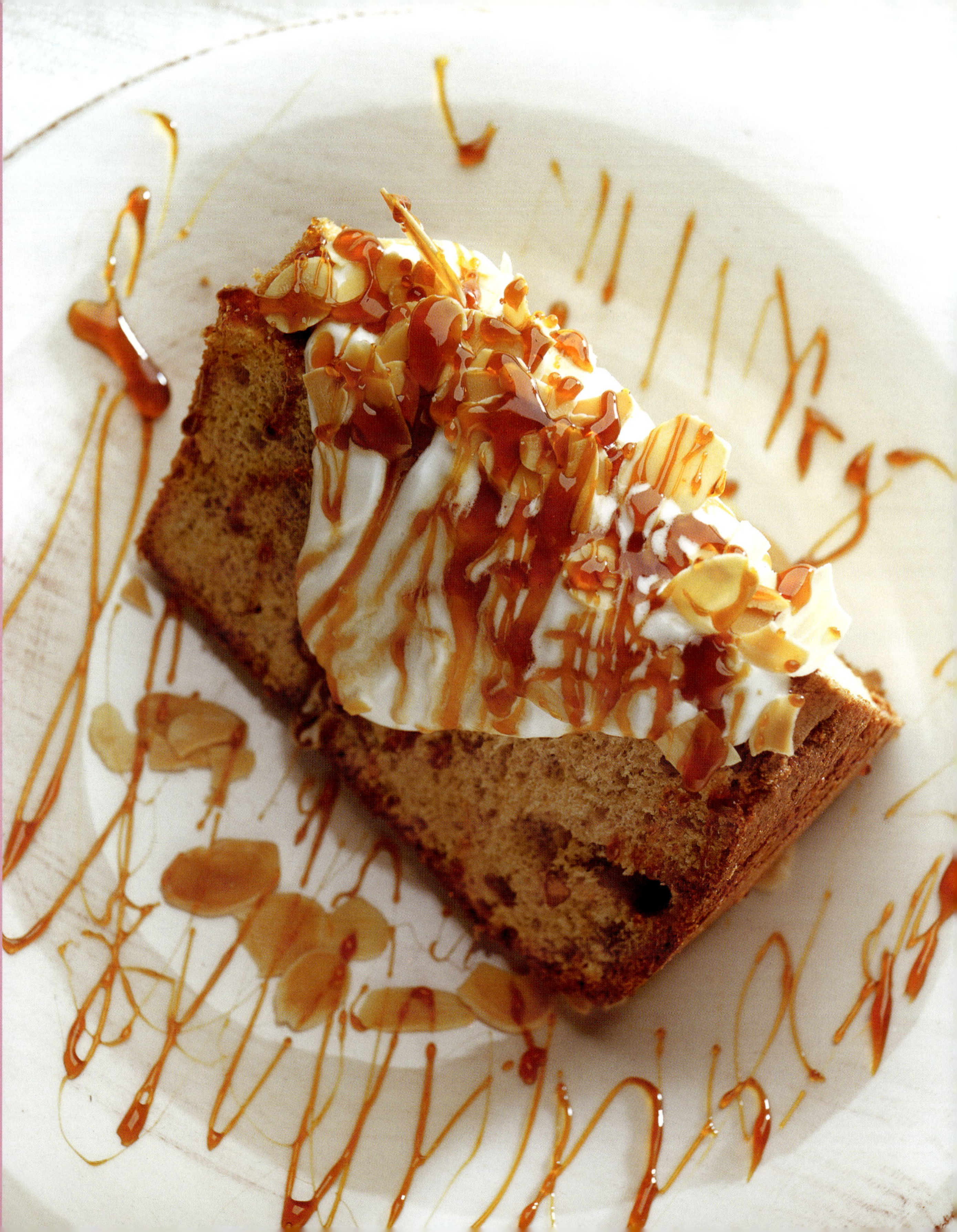

最近はナッツのペーストも品質のよいものが売られています。
ペースト状フィリングのアーモンドペーストと、
粉状フィリングのアーモンドパウダーを加えて生地に風味を出し、
から焼きしたナッツをアクセントに加え、おいしさを強調しました。
アーモンドをヘーゼルナッツにかえて作っても。

アーモンドシフォンケーキ
Almond chiffon cake

製作／小嶋ルミ・小笠原登茂子

● 材料 [シフォン型1台分]

	17cm型	20cm型
卵黄	45g	80g
グラニュー糖A	45g	80g
サラダ油	25g	44g
牛乳	45g	80g
アーモンドペースト	50g	89g
薄力粉	60g	107g
ベーキングパウダー	小さじ1弱	小さじ2弱
アーモンドパウダー	20g	36g
アーモンドホール	40g	71g
卵白	90g	160g
グラニュー糖B	28g	50g
レモン汁	小さじ1/4強	小さじ1/2

● オーブン温度・時間
17cm型／180℃で23〜26分
20cm型／180℃で30〜35分

point
ペースト類を加えると、風味豊かなシフォンケーキができます。水を牛乳にかえてコクを出し、ナッツを加え、さらにおいしさアップ。

1 **準備-A**（p.75参照。お湯は必要ありません）。
2 **準備-B**（右記参照）。
3 卵黄とグラニュー糖Aをすり混ぜる（p.76参照）。
4 ＊この行程は**2**（**準備B-2**）でできあがっています。
5 卵黄とグラニュー糖をすり混ぜたものに**4**を加える（写真a、p.76参照）。
★ **準備B-1**（アーモンドホール）を加える。
6 **準備B-3**（粉類＋アーモンドパウダー）を加え、卵黄生地を作る（p.77参照）。
7 卵白を泡立ててメレンゲを作る（p.78参照）。
8 卵黄生地とメレンゲを合わせる（p.79参照）。
9 生地を型に入れ、焼く（p.80参照）。
10 型からはずす（p.81参照）。
＊ ソースの作り方はp.105参照。

準備-B

B-1
アーモンドホールは160℃で12〜15分（ヘーゼルナッツホールの場合は15〜20分）、きつね色になるまでから焼きし、粗く刻んでおく。

B-2
サラダ油と牛乳を一緒に鍋に入れ、沸騰直前で火を止め、アーモンドペーストを加え溶かす。

B-3
薄力粉とベーキングパウダー、アーモンドパウダーは一緒にふるう。

PART 1 基本のケーキ シフォンケーキ

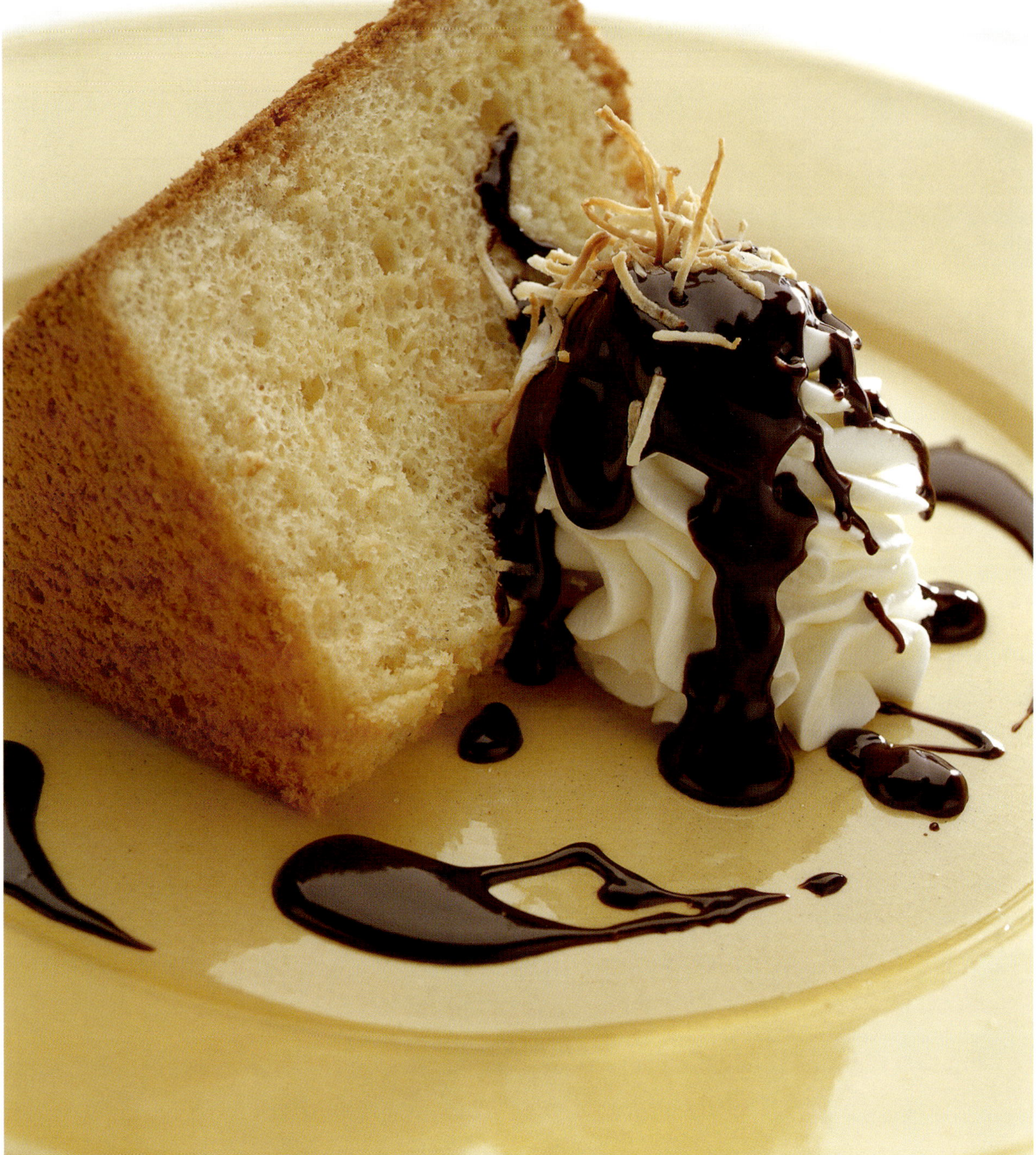

まろやかなココナッツの味が心地よく、
シャリシャリしたココナッツファインの歯ざわりが二重においしい、
コクのあるシフォンケーキ。

ココナッツシフォンケーキ
Coconut chiffon cake

製作／小嶋ルミ・小笠原登茂子

● 材料 [シフォン型1台分]

	17cm型	20cm型
卵黄	45g	80g
グラニュー糖A	48g	85g
サラダ油	28g	50g
牛乳	23g	41g
水	23g	41g
薄力粉	50g	89g
ベーキングパウダー	小さじ1弱	小さじ2弱
ココナッツパウダー	15g	27g
ココナッツファイン	30g	53g
卵白	90g	160g
グラニュー糖B	28g	50g
レモン汁	小さじ1/4強	小さじ1/2

● オーブン温度・時間
17cm型／180℃で23〜26分
20cm型／180℃で30〜35分

point
ココナッツパウダーが卵黄生地に加わると、急に生地がしまり、固くなりやすいので、手早くメレンゲを作り、卵黄生地と合わせて下さい。

1 **準備-A**（p.75参照。お湯は必要ありません）。
2 **準備-B**（右記参照）。
3 卵黄とグラニュー糖Aをすり混ぜる（p.76参照）。
4 サラダ油のボウルに**準備B-2**（水＋牛乳）を加える（写真a、p.76参照）。
5 卵黄とグラニュー糖をすり混ぜたものに**4**を加える（p.76参照）。
6 **準備B-3**（粉類＋ココナッツパウダー）を加え、**準備B-1**（ココナッツファイン）を加え、卵黄生地を作る（写真b、p.77参照）。
7 卵白を泡立ててメレンゲを作る（p.78参照）。
8 卵黄生地とメレンゲを合わせる（p.79参照）。
9 生地を型に入れ、焼く（p.80参照）。
10 型からはずす（p.81参照）。
＊ソースの作り方はp.105参照。

準備-B

B-1
ココナッツファインは160℃のオーブンで7〜8分、薄いきつね色になるまでから焼きし、冷ましておく。

B-2
牛乳と水を合わせて小鍋で沸かす。

B-3
薄力粉とベーキングパウダー、ココナッツパウダーは一緒にふるう。

a
b

PART 1 基本のケーキ　シフォンケーキ

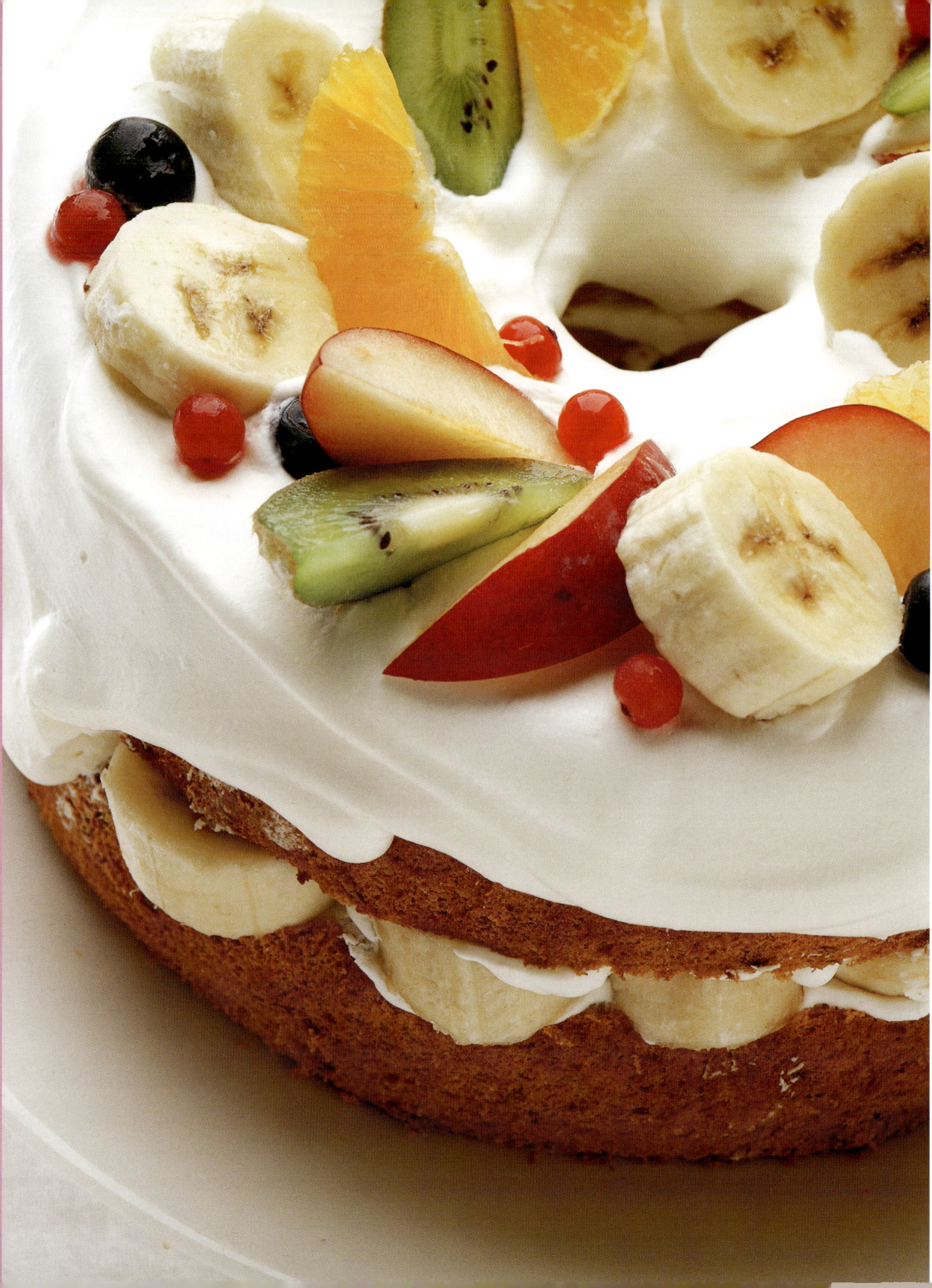

シフォンといえば、まずバナナシフォンケーキ。
自家製のピューレ状フィリングを加える代表作です。
バナナはほどよく熟れて、甘味の強いものを選んで下さい。
たっぷりとピューレを加えることで、しっとりしたバナナの風味が広がります。

バナナシフォンケーキ
Banana chiffon cake

製作／小嶋ルミ・小笠原登茂子

● 材料 [シフォン型1台分]

	17cm型	20cm型
卵黄	45g	80g
グラニュー糖A	39g	70g
サラダ油	28g	50g
湯	34g	60g
バナナ	84g	150g
レモン汁A	6g	10g
薄力粉	65g	115g
ベーキングパウダー	小さじ1弱	小さじ2弱
卵白	90g	160g
グラニュー糖B	28g	50g
レモン汁B	小さじ1/4強	小さじ1/2

● オーブン温度・時間

17cm型／180℃で23〜26分
20cm型／180℃で30〜35分

point
ピューレが加わるときは、基本のお湯の量を少し減らした配合になっています。基本のお湯の量のままでピューレを加えると、でき上がりが水っぽく、味も薄くなってしまいます。

1 準備-A（p.75参照）。
2 準備-B（右記参照）。
3 卵黄とグラニュー糖Aをすり混ぜる（p.76参照）。
4 サラダ油のボウルにお湯を加える（p.76参照）。
5 卵黄とグラニュー糖をすり混ぜたものに4を加える（p.76参照）。
★ 準備B-1（バナナ）を加える（写真a）。
6 粉類を加え、卵黄生地を作る（p.77参照）。
7 卵白を泡立ててメレンゲを作る（p.78参照）。
8 卵黄生地とメレンゲを合わせる（p.79参照）。
9 生地を型に入れ、焼く（p.80参照）。
10 型からはずす（p.81参照）。
＊仕上げのテクニックはp.104参照。

準備-B

B-1
バナナはホイッパーやフォークなどで粗めにつぶし、変色を防ぐためにレモン汁Aをふりかけておく。

PART 1 基本のケーキ シフォンケーキ

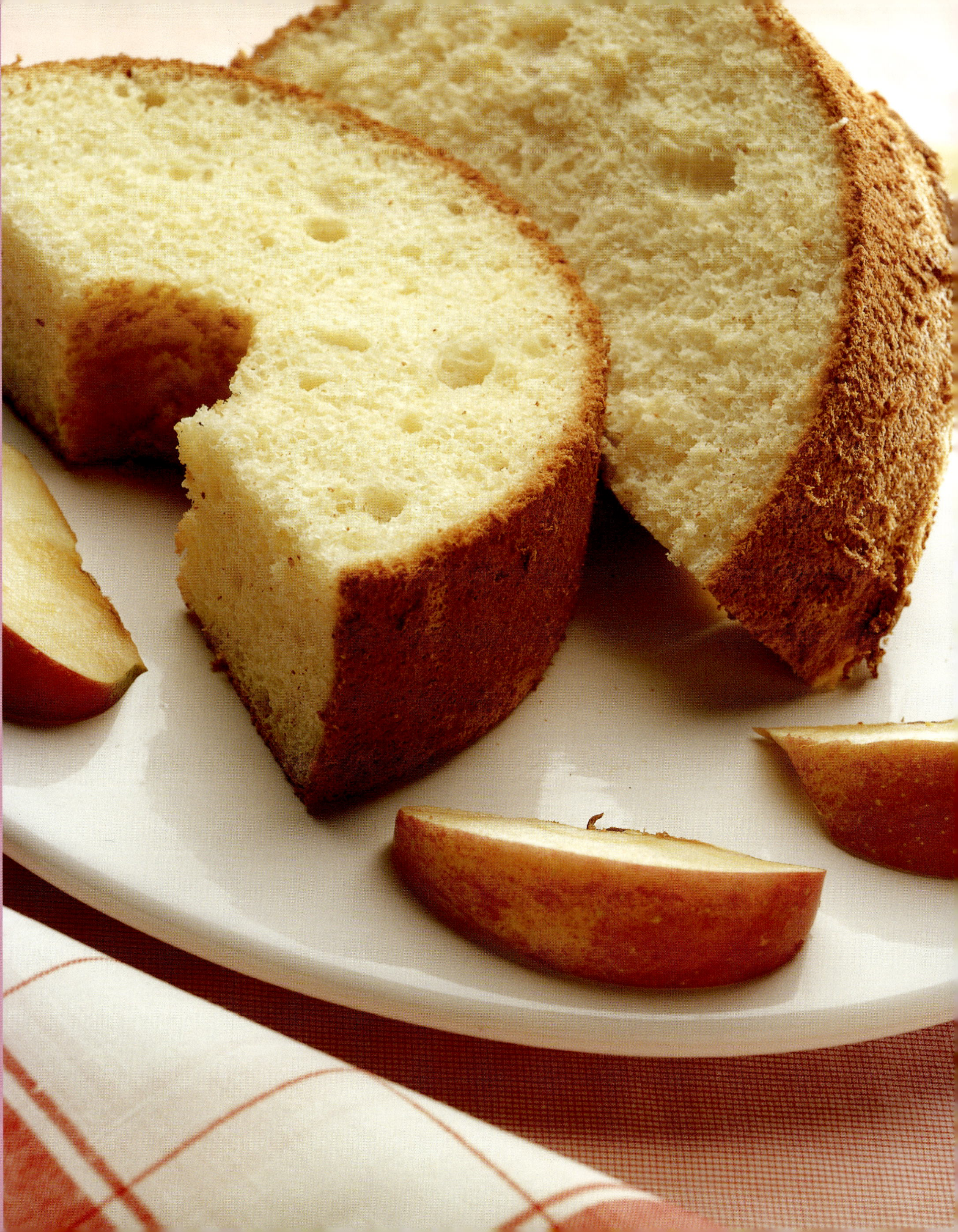

リンゴのほのかな酸味と甘さ、さわやかな香りが口の中に広がります。
自然なリンゴの香りは、紅玉リンゴが一番出やすいようです。
ぜひ紅玉で作ってみて下さい。

リンゴシフォンケーキ
Apple chiffon cake

製作／小嶋ルミ・小笠原登茂子

● 材料 [シフォン型1台分]

	17cm型	20cm型
卵黄	45g	80g
グラニュー糖A	23g	40g
サラダ油	28g	50g
リンゴジュース（果汁100％）	42g	75g
リンゴ甘煮	84g	150g
┌ リンゴ		2個
│ レモン汁A		10g
└ グラニュー糖		50g
薄力粉	65g	115g
ベーキングパウダー	小さじ1弱	小さじ2弱
卵白	90g	160g
グラニュー糖B	28g	50g
レモン汁B	小さじ1/4強	小さじ1/2

● オーブン温度・時間
17cm型／180℃で23〜26分
20cm型／180℃で30〜35分

point
リンゴを一度煮てからピューレにしているので、大きな穴はできにくいです。水のかわりに100％リンゴジュースを使って、リンゴの味をより引き出しました。

1 **準備-A** (p.75参照。お湯は必要ありません)。
2 **準備-B** (右記参照)。
3 卵黄とグラニュー糖Aをすり混ぜる (p.76参照)。
4 サラダ油のボウルに**準備B-2**(リンゴジュース)を加える(写真a、p.76参照)。
5 卵黄とグラニュー糖をすり混ぜたものに**4**を加える(p.76参照)。
★ **準備B-1** (リンゴ甘煮)を加える(写真b)。
6 粉類を加え、卵黄生地を作る(p.77参照)。
7 卵白を泡立ててメレンゲを作る(p.78参照)。
8 卵黄生地とメレンゲを合わせる(p.79参照)。
9 生地を型に入れ、焼く(p.80参照)。
10 型からはずす(p.81参照)。

準備-B

B-1
角切りしたリンゴ2個と、レモン汁A、グラニュー糖50gを鍋に入れ火にかける。20〜30分煮て柔らかくなったら、水分を飛ばすように煮上げる。火からはずし、万能漉し器で裏漉しし、分量用意する。

B-2
リンゴジュースを沸騰直前まで温める。

PART 1 基本のケーキ シフォンケーキ

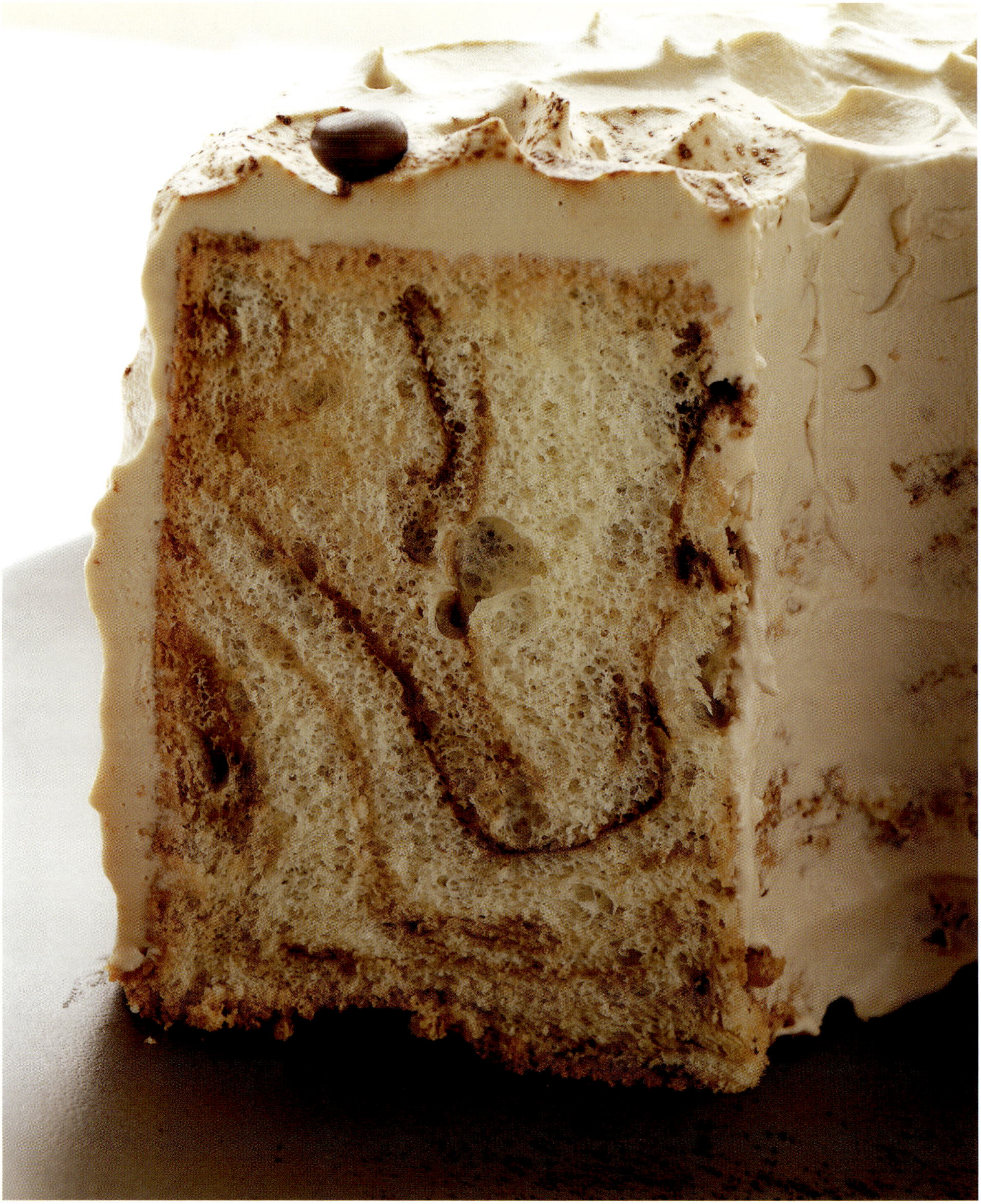

プレーン生地にほろ苦いコーヒーがマーブル状に入り込んだシフォン。
生地ができ上がってからコーヒーを加えるので、
簡単にでき、コーヒーの風味がやさしく香ります。

コーヒーマーブルシフォンケーキ
Coffee marbled chiffon cake

製作／小嶋ルミ・小笠原登茂子

●材料［シフォン型1台分］

	17cm型	20cm型
卵黄	45g	80g
グラニュー糖A	48g	85g
サラダ油	28g	50g
湯A	48g	85g
薄力粉	65g	115g
ベーキングパウダー	小さじ1弱	小さじ2弱
卵白	90g	160g
グラニュー糖B	28g	50g
レモン汁	小さじ1/4強	小さじ1/2
インスタントコーヒー	2.5g	4g
湯B	3g	5g

●オーブン温度・時間
17cm型／180℃で23〜26分
20cm型／180℃で30〜35分

1 **準備-A**（p.75参照）。
2 **準備-B**（右記参照）。
3 卵黄とグラニュー糖Aをすり混ぜる（p.76参照）。
4 サラダ油のボウルにお湯Aを加える(p.76参照)。
5 卵黄とグラニュー糖をすり混ぜたものに**4**を加える(p.76参照)。
6 粉類を加え、卵黄生地を作る(p.77参照)。
7 卵白を泡立ててメレンゲを作る(p.78参照)。
8 卵黄生地とメレンゲを合わせ、**準備B-1**（コーヒー液）を加える（写真a）。
9 生地を型に入れ、焼く（写真b、p.80参照）。
10 型からはずす(p.81参照)。
＊仕上げのテクニックはp.104参照。

準備-B

B-1
インスタントコーヒーを分量のお湯Bで溶く。

a
メレンゲと卵黄生地を混ぜ合わせたら、最後にコーヒー液を少しずつ入れ、4〜5回大きく混ぜる。混ぜすぎるとマーブル模様がくずれてしまうので注意。

b
マーブル模様が消えてしまわないように、そっと型に入れる。

PART 1 基本のケーキ シフォンケーキ

94

お馴染みの紅茶シフォンケーキ。液体フィリングの紅茶液が
お湯のかわりに入り、さらに茶葉が加わって、紅茶風味を引き立てます。
紅茶はアールグレーがおすすめ。味が一番わかりやすいような気がします。

紅茶シフォンケーキ
Earl grey tea chiffon cake

製作／小嶋ルミ・小笠原登茂子

● 材料 [シフォン型1台分]

	17cm型	20cm型
卵黄	45g	80g
グラニュー糖A	48g	85g
サラダ油	28g	50g
紅茶液	48g	85g
┌ アールグレーA	5g	8g
└ 湯	60g	110g
薄力粉	65g	115g
ベーキングパウダー	小さじ1弱	小さじ2弱
アールグレーB（茶葉）	小さじ1強	小さじ2強
卵白	90g	160g
グラニュー糖B	28g	50g
レモン汁	小さじ1/4強	小さじ1/2

● オーブン温度・時間

17cm型／180℃で23〜26分
20cm型／180℃で30〜35分

point

アールグレーで作る代表的紅茶シフォン。
香り高く品質のよい茶葉を使い、濃く抽出して下さい。
また、そのまま加える茶葉はあまり細かくしない方が風味がよいです。
紅茶シフォンケーキは、茶葉によっていろいろなバリエーションが楽しめます。
アップルティー、マンゴーティーなどフレーバーティーでもお試し下さい。

1 **準備-A**（p.75参照）。
2 **準備-B**（右記参照）。
3 卵黄とグラニュー糖Aをすり混ぜる（p.76参照）。
4 サラダ油のボウルに**準備B-1**（紅茶液）を加える（p.76参照）。
5 卵黄とグラニュー糖をすり混ぜたものに**4**を加える（写真a、p.76参照）。
★ **準備B-2**（茶葉）を加える（写真b）。
6 粉類を加え、卵黄生地を作る（p.77参照）。
7 卵白を泡立ててメレンゲを作る（p.78参照）。
8 卵黄生地とメレンゲを合わせる（p.79参照）。
9 生地を型に入れ、焼く（p.80参照）。
10 型からはずす（p.81参照）。シフォンを4枚にスライスし、好みでクリーム（分量外・p.104参照）を間に塗る。

準備-B

B-1
アールグレーAで濃い紅茶液を作り、48g(17cm型)、85g(20cm型)用意する。

B-2
アールグレーBをすりばちで粗くする。

PART 1 基本のケーキ シフォンケーキ

グラノラ＆ドライフルーツの
シフォンケーキ
Granora & Dried fruit
chiffon cake

製作／小嶋ルミ・小笠原登茂子

PART 1 基本のケーキ ― シフォンケーキ

いろいろなドライフルーツ、ナッツ類が入った、
楽しい歯ごたえのシフォンケーキ。
グラノラの食感もおもしろく、いろいろな種類のものがあるので、
お好みのものを加えるとよいでしょう。

● 材料 [シフォン型1台分]

	17cm型	20cm型	花型（直径26cm）
卵黄	45g	80g	104g
グラニュー糖A	28g	48g	62g
サラダ油	27g	50g	65g
湯	48g	85g	111g
はちみつ	20g	36g	47g
薄力粉	48g	85g	111g
ベーキングパウダー	小さじ1弱	小さじ2弱	小さじ2強
グラノラ	42g	74g	96g
グリーンレーズン	29g	52g	68g
クランベリー	21g	37g	48g
あんず	21g	37g	48g
卵白	90g	160g	208g
グラニュー糖B	28g	50g	65g
レモン汁	小さじ1/4強	小さじ1/2	小さじ1/2強

● オーブン温度・時間
17cm型／180℃で23〜26分
20cm型／180℃で30〜35分
花型／180℃で35分〜、様子を見て取り出す

point
乾燥したフルーツやナッツは、まわりに粉をまぶさなくてもシフォンに加えることができます。ただし加える量が卵白の重量を大幅に超すと、ふくらみにくくなるので、入れすぎに注意。
また、大きく切ったものは沈みやすいので、1cm以下の大きさに切って入れて下さい。
はちみつが入るので卵黄生地に加えるグラニュー糖の量を少し控えました。
ここでは花形(直径26cm)を使用しています。

1 **準備-A**（p.75参照）。
2 **準備-B**（右記参照）。
3 卵黄とグラニュー糖Aをすり混ぜる（p.76参照）。
4 **準備B-1**（サラダ油＋はちみつ）のボウルにお湯を加える（p.76参照）。
5 卵黄とグラニュー糖をすり混ぜたものに**4**を加える（p.76参照）。
★ **準備B-2、3**（ドライフルーツ類、グラノラ）を加える（写真a、p.77参照）。
6 粉類を加え、卵黄生地を作る（p.77参照）。
7 卵白を泡立ててメレンゲを作る（p.78参照）。
8 卵黄生地とメレンゲを合わせる（p.79参照）。
9 生地を型に入れ、焼く（p.80参照）。
10 型からはずす（p.81参照）。

準備-B

B-1
サラダ油のボウルにはちみつを混ぜておく。

B-2
ドライフルーツのクランベリー、グリーンレーズン、あんずを熱湯でさっと洗い、水気を固く絞る。あんずは1cmの大きさにカットする。

B-3
グラノラを用意する。

a

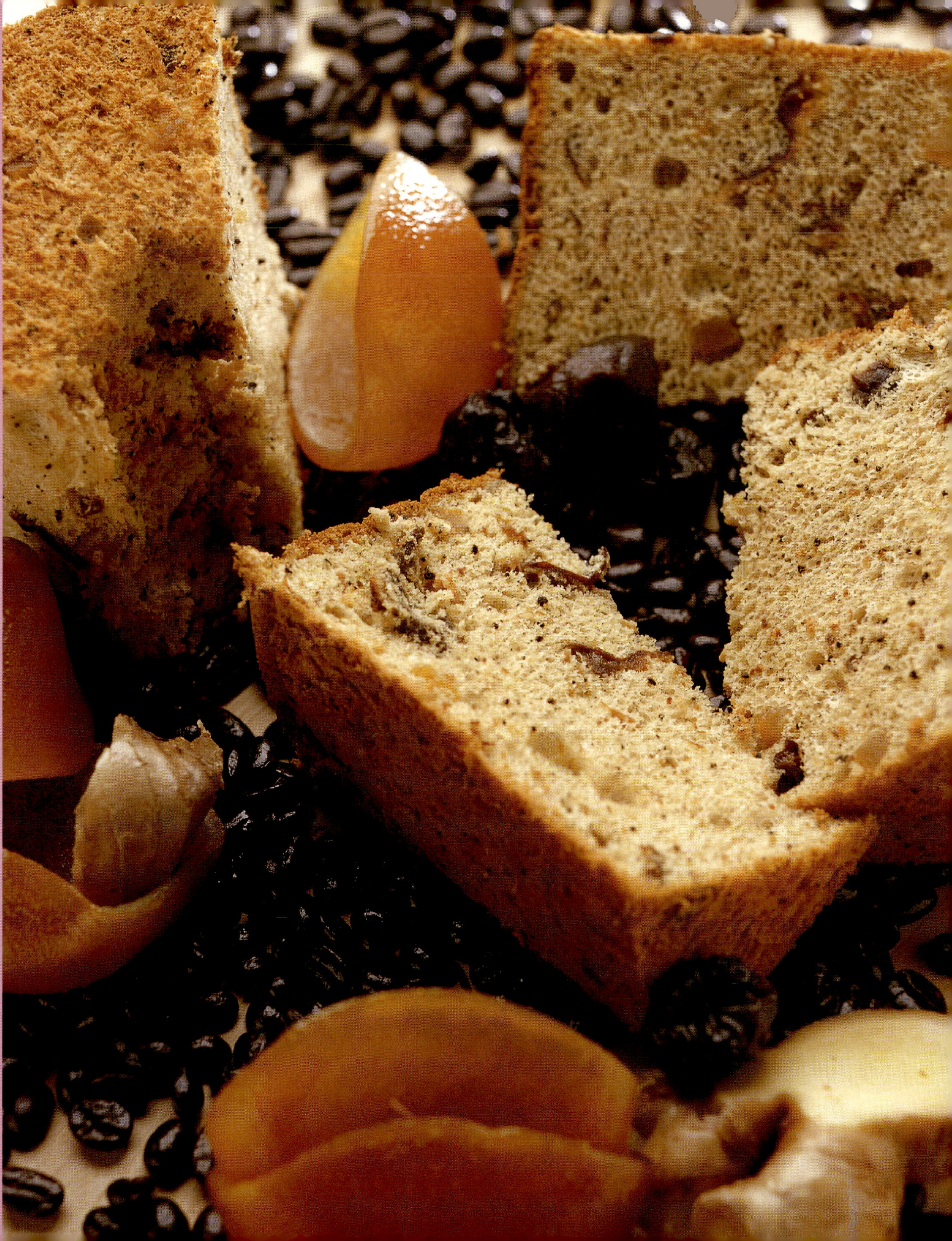

挽いたコーヒー豆を入れてみたら、思いがけないおいしさに。
セミドライのプラムとオレンジピールの香りがあいまって、ちょっとエキゾチックな味。
しょうがの絞り汁が、より異国的な味をひき立たせる、不思議なおいしさの一品です。

コーヒー豆＆プラム＆オレンジのシフォンケーキ
Coffee beans & Plum & Orange chiffon cake

製作／小嶋ルミ・小笠原登茂子

●材料 [シフォン型1台分]

	17cm型	20cm型
卵黄	45g	80g
グラニュー糖A	48g	85g
サラダ油	28g	50g
湯	48g	85g
コーヒー豆（粗く挽いたもの）	4g	7g
しょうが絞り汁	小さじ1強	小さじ2
薄力粉	65g	115g
ベーキングパウダー	小さじ1弱	小さじ2弱
プラムの紅茶煮	50g	89g
┬ ドライプラム		100g
│ アールグレー		2g
┴ 湯		80g
オレンジピール	30g	53g
卵白	90g	160g
グラニュー糖B	28g	50g
レモン汁	小さじ1/4強	小さじ1/2

●オーブン温度・時間
17cm型／180℃で23〜26分
20cm型／180℃で30〜35分

point
いろいろな香りが混じり合ってエキゾチックな味を作り出しています。しょうがの絞り汁はお好みで入れても入れなくてもOK。挽いたコーヒー豆は単品で使うと口に残る感じが強いので、プラムなどと混ぜて使うほうがよいです。

1 準備-A（p.75参照）。
2 準備-B（右記参照）。
3 卵黄とグラニュー糖Aをすり混ぜる（p.76参照）。
4 サラダ油のボウルにお湯を加える（p.76参照）。
5 卵黄とグラニュー糖をすり混ぜたものに4を加える（p.76参照）。
★ 準備B-1、2、3（プラムの紅茶煮、オレンジピール、コーヒー豆、しょうが絞り汁）を加える（写真a）。
6 粉類を加え、卵黄生地を作る（p.77参照）。
7 卵白を泡立ててメレンゲを作る（p.78参照）。
8 卵黄生地とメレンゲを合わせる（p.79参照）。
9 生地を型に入れ、焼く（p.80参照）。
10 型からはずす（p.81参照）。

準備-B

B-1
アールグレー2gとお湯80gで濃い紅茶液を作る。ドライプラム100gを鍋に入れ、紅茶液をそそぎ、ひと煮たちさせ、火を止め蓋をし、そのまま冷ます。
＊冷めたら密閉容器に入れ、冷蔵庫で1〜2週間保存可。
プラムの紅茶煮は、6〜8等分に切る。オレンジピールも5mm角くらいに切る。

B-2
コーヒー豆は深炒りのものを粗めに挽く。

B-3
しょうがは細かいおろし器でおろして絞り、汁だけ使用。

PART 1 基本のケーキ シフォンケーキ

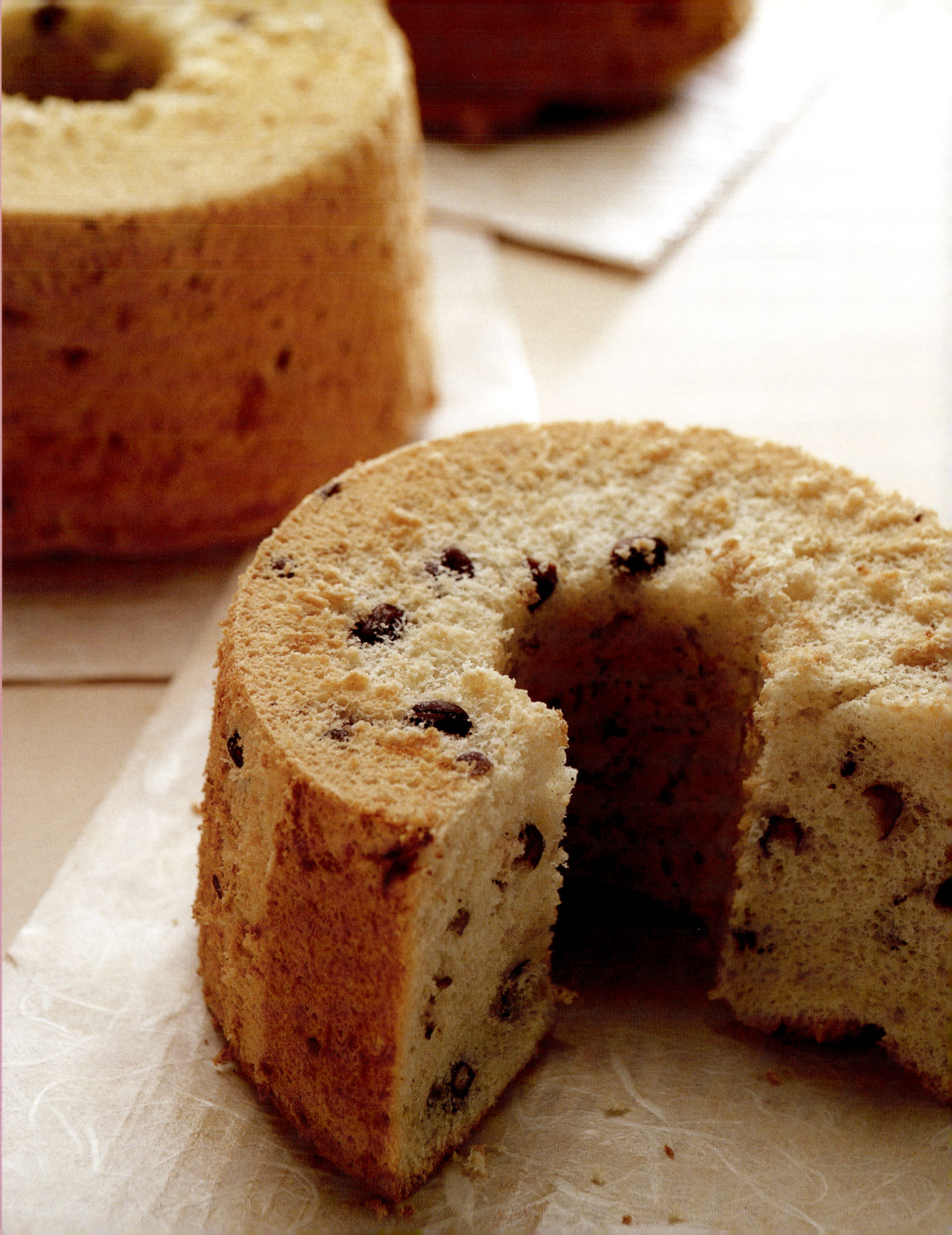

さくらの塩漬けの風味が生地に漂い、
ゆであずきの甘さがひき立ちます。
和菓子感覚の春らしいおいしさ。お抹茶やお煎茶などといかがですか？

さくらとあずきのシフォンケーキ
Cherry blossoms & Red beans chiffon cake

製作／小嶋ルミ・小笠原登茂子

● **材料**[シフォン型1台分]

	17cm型	20cm型
卵黄	45g	80g
グラニュー糖A	48g	85g
サラダ油	28g	50g
湯	48g	85g
さくらの塩漬け	25g	45g
ゆであずき	90g	160g
薄力粉	65g	115g
ベーキングパウダー	小さじ1弱	小さじ2弱
卵白	90g	160g
グラニュー糖B	28g	50g
レモン汁	小さじ1/4強	小さじ1/2

● **オーブン温度・時間**

17cm型／180℃で23～26分
20cm型／180℃で30～35分

point

さくらの風味だけだとちょっと物足りないので、あずきをアクセントに加えたら、お互いがひき立て合い、別なおいしさに！
単一のフィリングだけでインパクトに欠ける場合、食感の違うもの、歯触りがあるものなどをもうひとつふたつ加えると、ぐっとシフォンの味が上がります。

1 準備-A（p.75参照）。
2 準備-B（右記参照）。
3 卵黄とグラニュー糖Aをすり混ぜる（p.76参照）。
4 サラダ油のボウルにお湯を加える（p.76参照）。
5 卵黄とグラニュー糖をすり混ぜたものに**4**を加える（p.76参照）。
★ 準備B-1、2（さくらの塩漬け、ゆで小豆）を加える（写真a）。
6 粉類を加え、卵黄生地を作る（p.77参照）。
7 卵白を泡立ててメレンゲを作る（p.78参照）。
8 卵黄生地とメレンゲを合わせる（p.79参照）。
9 生地を型に入れ、焼く（p.80参照）。
10 型からはずす（p.81参照）。

準備-B

B-1
さくらの塩漬けは水で軽く洗い、まわりの塩を取り除く。半分は粗く刻み、残りは1本を縦に裂く。

B-2
ゆであずきはなるべくあずきの部分だけを使用。

PART 1　基本のケーキ　シフォンケーキ

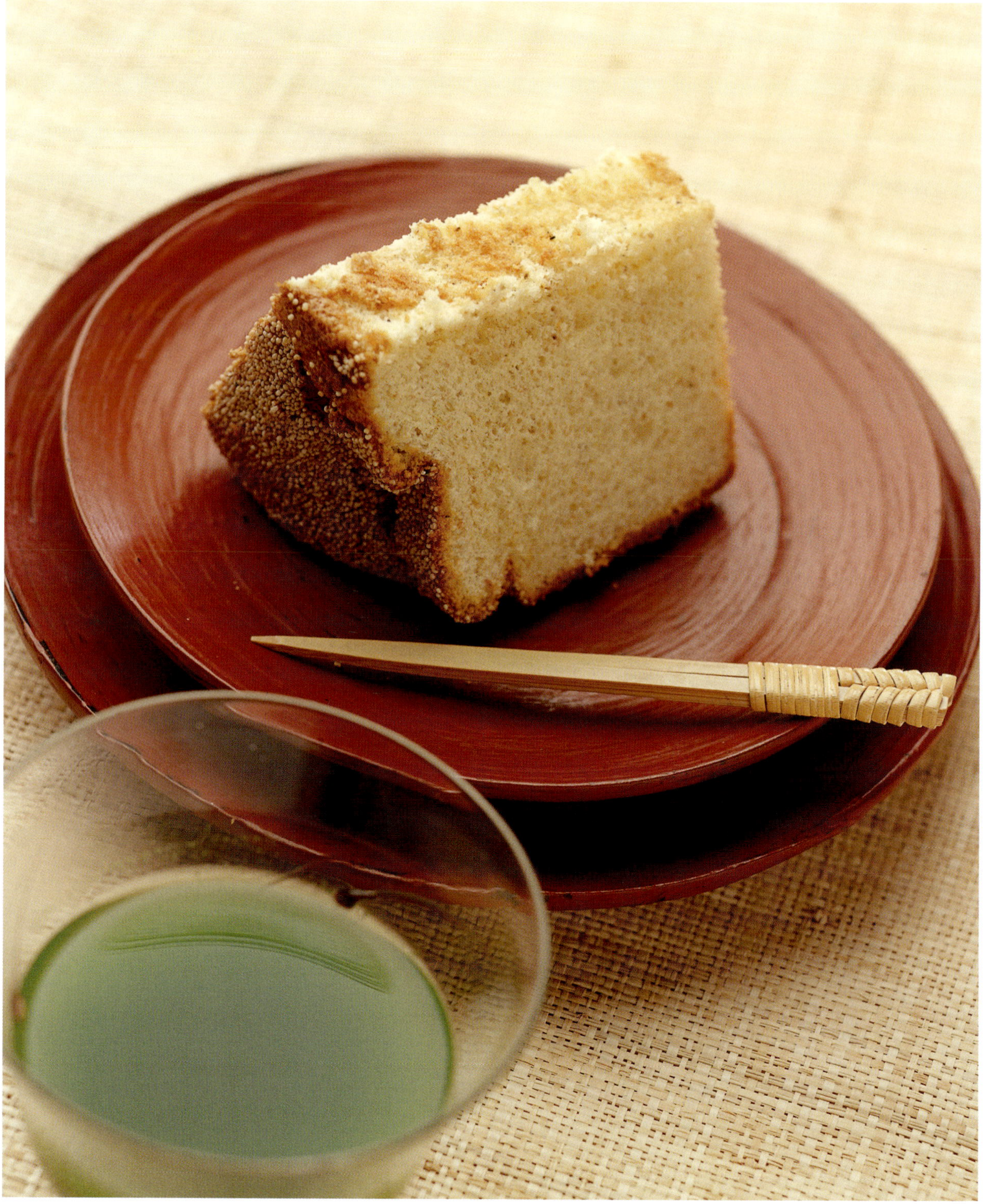

お味噌のしょっぱさと山椒の香りが、京の和菓子を想わせます。
味噌松風を真似て、けしの実を加えて変化を付けました。
小さく切って、日本茶とともに召し上がれ。

白味噌と山椒のシフォンケーキ
Shiromiso & Japanese pepper chiffon cake

製作／小嶋ルミ・小笠原登茂子

●材料 [シフォン型1台分]

	17cm型	20cm型
卵黄	45g	80g
グラニュー糖A	23g	41g
サラダ油	28g	50g
湯	51g	90g
白味噌	30g	53g
薄力粉	59g	105g
ベーキングパウダー	小さじ1弱	小さじ2弱
卵白	90g	160g
グラニュー糖B	28g	50g
レモン汁	小さじ1/4強	小さじ1/2
粉山椒	小さじ1/2	小さじ1弱
けしの実	20g	36g
けしの実（飾り用）	10g	18g

●オーブン温度・時間
17cm型／180℃で23～26分
20cm型／180℃で30～35分

point
白味噌が甘いので、グラニュー糖を少し控えて加えます。ただし、味噌を入れ過ぎると塩辛くなるので注意。型に生地を入れたら、飾り用のけしの実をふりかけて焼きます。

1 **準備-A**（p.75参照）。
2 **準備-B**（右記参照）。
3 卵黄とグラニュー糖A、**準備B-1**（白味噌）をすり混ぜる（写真a、p.76参照）。
4 サラダ油のボウルにお湯を加える（p.76参照）。
5 卵黄とグラニュー糖、白味噌をすり混ぜたものに**4**を加える（p.76参照）。
★ **準備B-2**（けしの実、山椒）を加える（写真b）。
6 粉類を加え、卵黄生地を作る（p.77参照）。
7 卵白を泡立ててメレンゲを作る（p.78参照）。
8 卵黄生地とメレンゲを合わせる（p.79参照）。
9 生地を型に入れ、焼く（p.80参照）。
10 型からはずす（p.81参照）。

準備-B

B-1
上品な味と甘味がある京都の白味噌を使用。

B-2
けしの実はどちらも小鍋に入れて火にかけ、香ばしく炒り、冷ます。
粉山椒を用意する。

PART 1 基本のケーキ シフォンケーキ

シフォンケーキの仕上げのテクニック

製作／小嶋ルミ・小笠原登茂子

シンプルに、そのまま食べても充分においしいシフォンケーキですが、たまにはちょっとおしゃれをしてみたら、こんなに豪華になりました。デコレーションのテクニックをご紹介します。

●生クリームにグラニュー糖を加え七分立てにして使用して下さい。このとき必ず氷を入れたボウルに当てながら泡立てること。それぞれのテクニックで、用意する分量は記してあります。

生クリーム

(p.88／バナナシフォンケーキのデコレーション)

●材料	17cm型	20cm型
生クリーム	200cc	300〜400cc
グラニュー糖	11g	16.5〜22g
フルーツ（バナナなど）	適宜	

1　高さの同じ角棒2本（ラップの箱などでも）を用意。ケーキを挟むように平行に置く。波刃のナイフを使用し、角棒にそってケーキを押さえないよう小刻みにナイフを動かしながら切る。
2　ケーキを回転台にのせ、下段の生地にクリームを薄く塗り、1cmの厚さに切ったバナナを均等に並べ、さらにクリームを塗る。
3　上段を重ね、柔らかめに立てたクリームをのせ、パレットナイフで軽く平らにする。
4　回転台を何カ所かテーブルに打ち付けるようにして、クリームをたらす。好みでフルーツを飾る。

コーヒークリーム

(p.92／コーヒーマーブルシフォンケーキのデコレーション)

●材料	17cm型	20cm型
生クリーム	200cc	300〜400cc
グラニュー糖	12g	18〜24g
インスタントコーヒー	小さじ3〜4	
ココアパウダー	適宜	

＊コーヒークリームは、生クリームに粉末のインスタントコーヒーを加えてよく溶かし、続いてグラニュー糖を加えて泡立てる。
1　ケーキを回転台にのせ、上面にたっぷりとコーヒークリームをのせる。
2　回転台を回しながらパレットナイフで上面を平らにし、余分なクリームを側面に落とす。新たにクリームをパレットナイフに付け、落としたクリームとともに側面をきれいに仕上げていく。
3　パレットナイフの先端を軽く押し付けるように上下させ、模様を付ける。このとき、回転台を少しずつ回しながら行うと作業しやすい。
4　側面も3と同様に模様を付けていく。好みでココアパウダーをふって仕上げても。

ソースを作りましょう

製作／小嶋ルミ・小笠原登茂子

シフォンケーキをさらにおいしく、華やかに演出してみませんか？プレーンシフォン、フルーツやナッツ系シフォンには、たっぷりのホイップクリームとお好みのソースを添えて召し上がれ。おもてなしや、ちょっと気取ってデザート気分を味わいたいときにどうぞ。

チョコレートソース
（p.86／ココナッツシフォンケーキで使用）

● 材料

クーベルチュールチョコレート（カカオ分50%〜）	40g
生クリーム	20g
牛乳	20g
水飴	10g

● 保存期間
冷蔵庫で3〜4日保存可。使用するときは少し温め、トロリとさせてから使って下さい。

1 細かく刻んだクーベルチュールをボウルに入れ、湯せんにかけて溶かす。
2 生クリーム、牛乳、水飴を小鍋に入れ、火にかけ沸騰させる。
3 1に2を加えてよく混ぜ、人肌（34〜36℃）に冷ます。
4 トロリとなればでき上がり。

フランボワーズソース
（p.81／バニラシフォンケーキで使用）

● 材料

フランボワーズピューレ（冷凍）	50g
あんずジャム	15g
粉糖	10g

● 保存期間
冷蔵庫で3〜4日保存可。

1 あんずジャムを小さなボウルに入れ、よく練り、柔らかくする。
2 1に解凍したピューレを加え、よく混ぜる。
3 粉糖を加え、ダマのないよう混ぜる。
4 茶漉しで裏漉しする。

カラメル
（p.84／アーモンドシフォンケーキで使用）

● 材料

グラニュー糖	50g

＊温かいうちに使用し、固まってしまったら、もう一度火にかけて温めましょう。少量のお湯でゆるめると、液状のカラメルソースとしても使えます。

1 小鍋の底がつかるぐらいの大きさの容器に水（分量外）をはっておく。グラニュー糖20gを厚手の小鍋に入れ、強火にかける。
2 グラニュー糖が溶けたらやや火を弱め、きつね色に焦げるまで火にかける。
3 残りのグラニュー糖を少しずつ加え、溶かす。溶けたらまた次を加える。ここであまり焦がさないこと。
4 グラニュー糖を全部加えたら、鍋の底を1の水にさっとつけ、これ以上焦げないように鍋止めをして、でき上がり。

PART 1　基本のケーキ　シフォンケーキ

Part 2
かんたんシンプルなお菓子
クッキー・スコーン・マフィン

気軽に作って食べたいときには、
こんなおやつがおすすめ。
ティータイムにもぴったりな、シンプルで
おいしいお菓子を集めました。
可愛くラッピングして
お友達にプレゼントしても、
喜ばれること間違いなし！

型抜きクッキー
Cookie

製作／柳瀬久美子

クッキー生地の基本的な作り方で、
プレーンクッキーを作ります。
ココアクッキーにする場合は、
薄力粉と一緒に、ココアを加えて。
マーブル模様にする場合は、
でき上がったふたつの生地を
合わせて伸ばし、型抜きします。

●材料 [合計で約80枚分]
＊プレーンクッキー生地
無塩バター——80g
グラニュー糖——40g
卵黄——2個（L玉）
薄力粉——130g
＊ココアクッキー生地
無塩バター——80g
グラニュー糖——40g
卵黄——2個（L玉）
薄力粉——110g
ココア——20g

●オーブン温度・時間
180℃で10〜12分

●下準備
・バターは室温に戻して、柔らかくしておく。
・薄力粉はふるっておく。

1 室温に戻したバターをボウルに入れ、ホイッパーでなめらかなクリーム状にしたら、グラニュー糖を加え全体に白っぽくなるまで、よくかき混ぜる。

2 卵黄を1個ずつ加え、そのつどよくかき混ぜる。

3 薄力粉（ココアクッキーにする場合はココアも）を入れ、全体がポロポロのそぼろ状になるまで、ゴムべらでさっくりと合わせる。

4 作業台に生地を移し、手のひらの付け根で生地を作業台にこすり付けるようにし、全体をなめらかにする。

5 なめらかになったら、ひとまとめにしてラップに包み、冷蔵庫で2時間生地を休ませる。

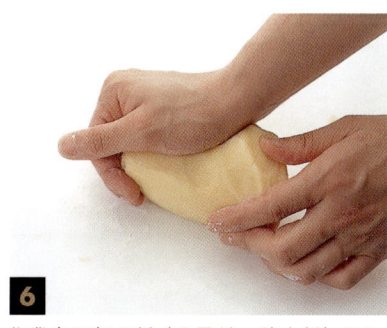

6 作業台に打ち粉（分量外・強力粉）をふり、めん棒で厚さ3mmに伸ばす。めん棒に生地がくっつくようなら、生地の表面にも打ち粉をする。
＊マーブル模様にするときは生地を適当に混ぜ、ひとまとめにして伸ばします。

7 好みの型で抜き、オーブンシートを敷いた天板、またはバター（分量外）を薄く塗った天板に間隔をあけて並べる。180℃のオーブンで10〜12分焼き、ケーキクーラーの上で粗熱を取る。

PART 2 かんたんシンプルなお菓子

オレンジの皮をアクセントに効かせた、コーヒー風味のビスケット。ちょっぴりほろ苦い大人の味に、アイシングでデコレーションして。

コーヒービスケット

Coffee biscuit

製作／柳瀬久美子

●材料[40枚分]
＊ビスケット生地
無塩バター──75g
塩──ひとつまみ
グラニュー糖──70g
全卵──40g（L玉約1/2個強）
薄力粉──150g
エスプレッソコーヒー（粉末）
　　　　　　　　　──大さじ2
オレンジの皮のすり下ろし──2個分
＊アイシング
粉糖──90g
卵白──大さじ1
インスタントコーヒー液──少々
＊仕上げ用
コーヒービーンズチョコ──適宜

●オーブン温度・時間
180℃で10～13分

●下準備
・バターは室温に戻して、柔らかくしておく。
・薄力粉はふるっておく。
・オレンジの皮はすり下ろす。
・オーブンペーパーでコルネを作っておく（写真a）。

●ビスケットを作る
1　ボウルに室温に戻したバターと塩を入れ、ホイッパーでなめらかなクリーム状にしたらグラニュー糖を加え、白っぽくなるまで充分にかき混ぜる。
2　全卵を溶きほぐす。1に3～4回に分けて加える。そのつどよくかき混ぜること。
3　薄力粉とコーヒーの粉末、オレンジの皮を加えたら、ゴムべらで粉っぽさがなくなるまで練らないようにさっくりと混ぜ合わせる。粉っぽさがほぼなくなり、ポロポロの状態になったら、手のひらの付け根でボウルに押し付けるようにして完全にひとまとめにする。
4　ラップに包み冷蔵庫で2時間以上休ませる。
5　作業台に打ち粉（分量外・強力粉）をして、めん棒で厚さ3mmに伸ばす。めん棒に生地がくっつくようなら、生地の表面にも打ち粉をする。
6　好みの型で抜き、オーブンシートを敷いた天板、またはバター（分量外）を薄く塗った天板に間隔をあけて並べる。
7　180℃のオーブンで10～13分焼き、ケーキクーラーの上で粗熱を取る。

●アイシングを作る
1　ボウルに粉糖をふるい入れて卵白を加える。木べらを使い、白いクリーム状になるまでよく練り混ぜる。
2　インスタントコーヒーを少量のお湯で溶いて1に加え、好みの色にする。アイシングのでき上がり。
3　アイシングをコルネに入れてクッキーの上に絞り出し、コーヒービーンズチョコをのせる。アイシングが乾燥するまで、そのまま室温におく。

a

ヘーゼルナッツと
チョコチップのショートブレッド
Nuts & Chocolate shortbread

製作／柳瀬久美子

●**材料**[直径約20cmのタルト型1枚分]
薄力粉──160g
ヘーゼルナッツパウダー──60g
塩──ひとつまみ
グラニュー糖──45g
無塩バター──160g
チョコレートチップ──50g

●**オーブン温度・時間**
170℃で20〜25分

●**下準備**
・バターは使う直前まで冷蔵庫に入れておき、よく冷やしておく。

1　作業台の上に粉類、塩、グラニュー糖をふるい落とし、全体によく混ぜ合わせる。
2　粉の中でバターをまぶしながら、スケッパーで細かく刻んでいく。
3　バターが小豆粒くらいの大きさになったら、指の腹ですり合わせるようにし、全体を粉チーズ状のそぼろ状にし、チョコレートチップを加える。
4　手のひらの付け根に体重をかけるようにして生地を押さえながらひとまとめにする。
5　生地がまとまったらラップに包み、冷蔵庫で2時間以上休ませる。
6　作業台に打ち粉（分量外・強力粉）をして、生地が直径20cmくらいの丸になるようにめん棒で伸ばし、型に広げる。
7　170℃のオーブンで20〜25分、全体がきつね色になるまで焼く。
8　粗熱を取り、好みの大きさにカットする。

サクサクの口当たりが美味しい"ショートブレッド"は、イギリスの伝統的なティータイムクッキー。
今回は、ヘーゼルナッツパウダーを使用しましたが、手に入らない場合は、アーモンドパウダーで代用してもOK。

PART 2　かんたんシンプルなお菓子

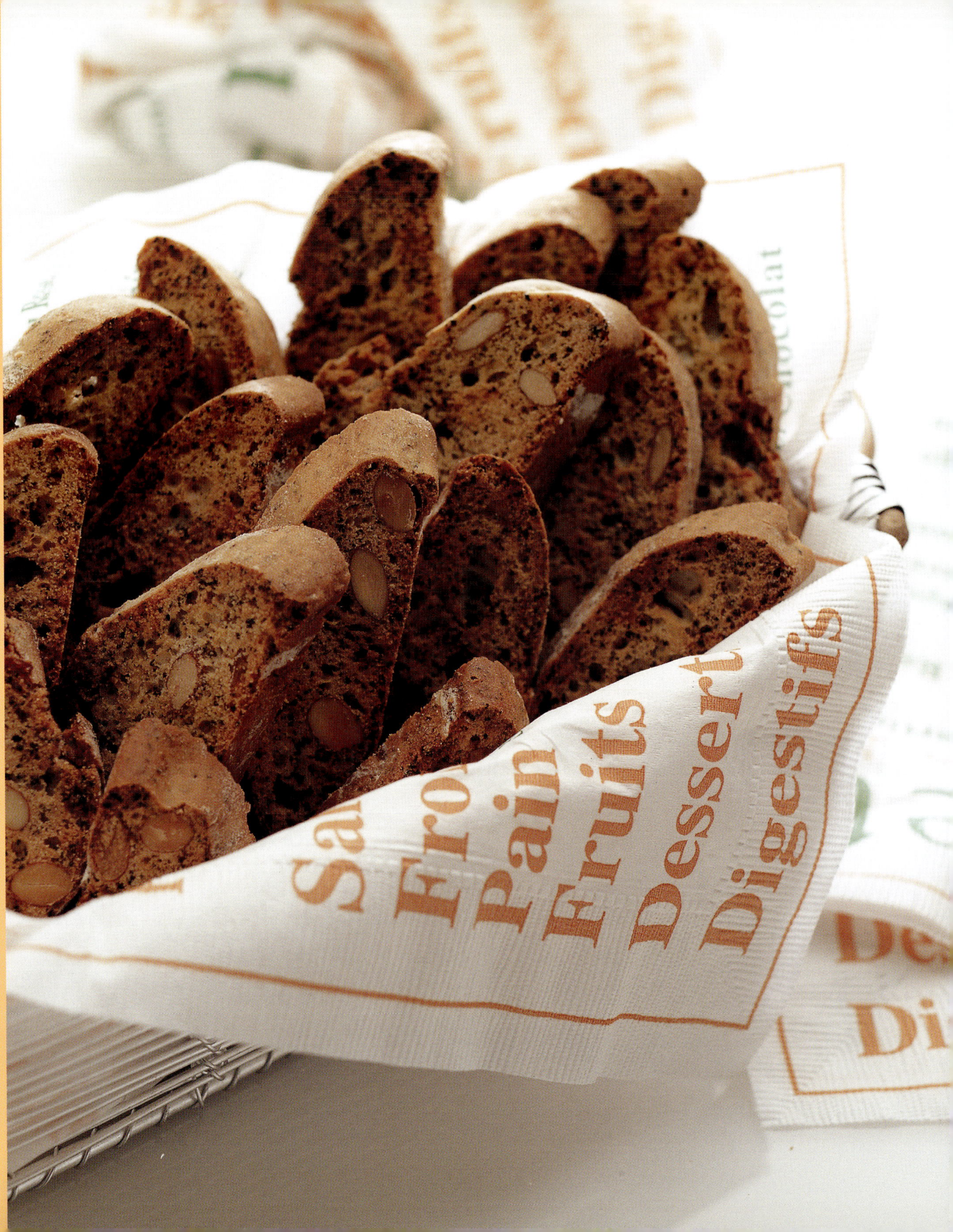
Pain
Fruits
Dessert
Digestifs

レモンティーのビスコッティ
Lemon tea biscotti

製作／柳瀬久美子

紅茶の葉とレモンピールを混ぜた、
"レモンティー風味"のビスコッティ。
香りの豊かな、新鮮な茶葉を使用して下さい。

●材料［約20～25枚分］
全卵──2個（L玉）
グラニュー糖──80g
サラダ油──40cc
レモンピール──30g
ブランデー──大さじ1
薄力粉──200g
ベーキングパウダー──小さじ1と1/2
紅茶の葉──大さじ2と1/2
アーモンドホール──50g

●オーブン温度・時間
180℃で約35分＋片面7～8分ずつ

●下準備
・薄力粉、ベーキングパウダーは合わせてふるっておく。

1 レモンピールはみじん切りにしてブランデーをふりかけておく（写真a）。紅茶の葉はすり鉢か乳鉢で細かくすりつぶし、アーモンドホールは160℃のオーブンで約10分ローストして粗熱を取っておく。

2 ボウルに全卵とグラニュー糖を入れ白っぽくなるまでホイッパーで混ぜる。

3 サラダ油も加え混ぜ、レモンピールも加え、そのつど混ぜる。

4 合わせてふるった粉類を入れ、紅茶の葉、アーモンドホールを加える（写真b）。ゴムべらで粉っぽさがなくなるまでよく混ぜる（写真c）。

5 ラップを広げて生地をのせ、楕円形に整えて包む（写真d）。冷蔵庫で1時間休ませる。

6 オーブンシートを敷いた天板にラップをはがした生地をのせ、180℃のオーブンで約35分焼く。天板の上で粗熱を取る。

7 生地をまな板の上にのせ、ナイフで厚さ1.5cmにスライスする（写真e）。切り口が上になるように天板に並べる。

8 180℃のオーブンで片面7～8分ずつ焼く。

PART 2 かんたんシンプルなお菓子

チュイル

製作／柳瀬久美子

フランス語で「屋根瓦」を表す"チュイル"。薄く焼き、
熱く柔らかいうちに曲げて瓦の形に整えるところから、
この名前が付きました。
作りたい形を厚紙に抜いておけば、アレンジもいろいろ。
焼き上がってからすぐめん棒にのせ、
ゆるやかにカーブを付けます。

●材料[リーフ型50〜60枚]
＊クッキー生地
無塩バター——60g
粉糖——60g
卵白——60g（L玉1.5個分）
薄力粉——60g
＊その他
ココア——10g

●オーブン温度・時間
200℃で5〜7分

●下準備
・厚さ1mmの厚紙を、好みの形にカッター（ステンシル用のカッターを使うと作業がしやすい）で抜く（写真a）。
・バターは室温に戻して、柔らかくしておく。
・薄力粉はふるっておく。
・オーブンペーパーでコルネをふたつ作っておく（写真b）。

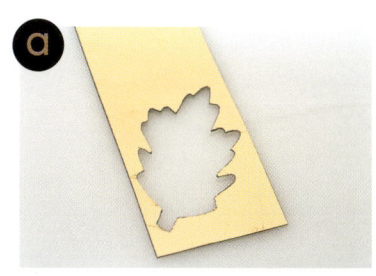

1 ボウルに、室温に戻したバターを入れ、ホイッパーでなめらかなクリーム状にしたら、粉糖を加え、よくかき混ぜる（写真c）。

2 卵白を2〜3回に分けて加え、そのつどよくかき混ぜて馴染ませる（写真d）。

3 薄力粉を入れ、ホイッパーで粉っぽさがなくなるまで混ぜ合わせる。

4 3を半分に分け、片方の生地にココアをふるい入れ、ゴムべらでムラなく混ぜ合わせる。

5 オーブンシートを敷いた天板の上に型紙をのせる。そこに生地を少量のせ、均一の厚さになるようにパレットナイフで刷り込むようにして平らに伸ばし（写真e）、型紙をはずす。ココア生地も同様に伸ばす。

6 それぞれの生地をコルネに入れ、葉脈の部分を絞り出す。

7 200℃のオーブンで5〜7分、生地の縁の部分だけが薄いきつね色に焼けるまで焼く。

8 焼き上がったらすぐにめん棒の上にのせ、カーブを付ける（写真f）。

PART 2 かんたんシンプルなお菓子

ブラウニー
Brownie

製作／栗山有紀

手軽に作れるチョコレート菓子として、
不動の人気を誇るブラウニー。
とびっきりのおいしさを、あの人にもプレゼントしたい！

PART 2 かんたんシンプルなお菓子

●材料 [18cmの角型1台分]
チョコレート——100g
無塩バター——110g
全卵——100g
バニラエッセンス——1〜2滴
グラニュー糖——110g
塩——ひとつまみ
薄力粉——70g
くるみ——100g
　（150℃で5分ローストする）

●オーブン温度・時間
ガスオーブン／170℃で20分
電気オーブン／180℃で25〜30分

1 刻んだチョコレートを湯せんで溶かす。

2 室温に戻して柔らかくしたバターを加え、ホイッパーで混ぜる。

3 全卵を加え混ぜ、バニラエッセンスを加える。

4 グラニュー糖と塩を加え混ぜる。

5 薄力粉をふるい入れ、しっかり混ぜる。

6 くるみを加え、均一になるように混ぜる。

7 オーブンペーパーを敷いた天板の中央に生地を流し入れ、端まで生地がいくように、カードを使い平らにならす。

8 焼き上がったら、型に入れたままケーキクーラーの上で冷ます。

point
アメリカのお菓子の代名詞、ブラウニー。くるみをヘーゼルナッツに替えて、刻んだオレンジピール（20g）を加えたブラウニーは上品な味でこれもまたおいしいものです。

プレーンスコーン
Plain scone

製作／栗山有紀

表面は"サクサクッ"、中は"しっとり"。スコットランドが発祥の地と言われるスコーンは、数百年以上も前からイギリスで作られている、代表的なお菓子です。ジャムやクロテッドクリームを添えて、ティータイムにぜひどうぞ。素朴な味わいで心をなごませます。

●材料[直径約5cm×7個分]
＊スコーン生地
薄力粉──250g
ベーキングパウダー──大さじ1
グラニュー糖──50g
塩──小さじ1/3
無塩バター──60g
牛乳──100cc
卵黄──1個（L玉）
＊その他
牛乳──少々

●オーブン温度・時間
180〜190℃で約20分

●下準備
・薄力粉、ベーキングパウダー、グラニュー糖、塩は合わせてふるっておく。
・バターは使う直前まで、冷蔵庫でよく冷やしておく。

PART 2 かんたんシンプルなお菓子

1
作業台の上に、合わせてふるった粉類をおき（または大きめのボウルの中に入れる）、その中によく冷えたバターを加え、粉にまぶすようにしながらスケッパー、またはカードで小豆粒大に刻んでいく。
＊このとき、なるべくバターを溶かさないよう、手早く作業しましょう。バターが溶けて生地がべとつくようなら、面倒でも、冷凍庫などにボウルごと入れて冷やします。

2
バターと粉を指の腹ですりつぶすようにし、全体に粉チーズ状で、サラサラしたそぼろ状にする。

3
作業台の上に**2**を山形に盛り、真ん中にくぼみを開ける。その中に混ぜ合わせた牛乳と卵黄を流し、内側から山を崩すようにしてひとまとめにする。
台にくっついた生地はスケッパー、またはカードでこそげ取るようにし、粉っぽさがなくなるまで、練らないようにまとめる。
＊ボウルの中で作業する場合は、ボウルに混ぜ合わせた牛乳と卵黄を流し、カードで切るように混ぜ合わせます。まとまってきたら、手のひらの付け根で生地をボウルに押しつけるようにしてまとめましょう。

4
生地をひとまとめにしたら、ラップに包み、冷蔵庫で1〜2時間休ませる。

5
作業台の上に打ち粉（分量外・強力粉）をして生地をおき、めん棒で厚さ2.5cmに伸ばす。

6
直径5cmの丸形で抜く。余った生地はひとまとめにしてもう一度伸ばし、同様に型で抜く。

7
オーブンシートを敷いた天板の上に**6**をのせ、表面に刷毛で牛乳を薄く塗る。180〜190℃のオーブンで約20分焼く。焼き上がったらケーキクーラーの上にのせ、粗熱を取る。

グラハム粉と
ドライイチジクのスコーン
Grahamflour & Fig scone

製作／柳瀬久美子

"コク"を出すため、グラハム粉とブラウンシュガーを使いました。
正方形にカットして焼きます。

●材料［約5cm角×9個分］
＊スコーン生地
薄力粉──180g
グラハム粉──70g
ベーキングパウダー──大さじ1
ブラウンシュガー──50g
塩──小さじ1/3
無塩バター──60g
ドライイチジク──50g
牛乳──100cc
卵黄──1個（L玉）
＊その他
牛乳──少々

●オーブン温度・時間
180〜190℃で約20分

●下準備
・薄力粉、グラハム粉、ベーキングパウダー、ブラウンシュガー、塩は合わせてふるっておく。
・バターは使う直前まで、冷蔵庫でよく冷やしておく。
・ドライイチジクは粗めに刻んでおく（写真a）。

1　大きめのボウルの中に、合わせてふるった粉類を入れ（または作業台の上におく）、その中によく冷えたバターを加え、粉にまぶすようにしながらスケッパー、またはカードで小豆粒大に刻んでいく。
＊このとき、なるべくバターを溶かさないよう、手早く作業しましょう。バターが溶けて生地がべとつくようなら、面倒でも、冷凍庫などにボウルごと入れて冷やします。
2　バターと粉を指の腹ですりつぶすようにし、全体に粉チーズ状で、サラサラしたそぼろ状にする（写真b）。そこにドライイチジクを加え混ぜる。
3　2のボウルに混ぜ合わせた牛乳と卵黄を流し、カードで切るように混ぜ合わせる。まとまってきたら、手のひらの付け根で生地をボウルに押しつけるようにしてまとめる。
＊作業台の場合は、2を山形に盛り、真ん中にくぼみを開けて、中に混ぜ合わせた牛乳と卵黄を流します。内側から山を崩すようにしてひとまとめにしましょう。台にくっついた生地はスケッパー、またはカードでこそげ取るようにし、粉っぽさがなくなるまで、練らないようにまとめます。

4　生地をひとまとめにしたら、ラップに包み、冷蔵庫で1〜2時間休ませる。
5　作業台の上に打ち粉（分量外・強力粉）をして生地をのせ、めん棒で厚さ2.5cm角の正方形に伸ばす。
6　ナイフで9等分にカットする（写真c）。
7　オーブンシートを敷いた天板の上に6をのせ、表面に刷毛で牛乳を薄く塗る。180〜190℃のオーブンで約20分焼く。焼き上がったらケーキクーラーの上にのせ、粗熱を取る。

PART 2 かんたんシンプルなお菓子

プレーンマフィン
Plain muffin

製作／柳瀬久美子

ふんわり膨らみ、こんがりと焼き色のついたマフィンは、
アメリカのライトケーキとして、人気の高いお菓子のひとつです。
マフィンはじつにバラエティー豊富。
基本の作り方さえマスターしてしまえば、
バリエーションがつけやすいところも魅力のひとつです。

PART 2 かんたんシンプルなお菓子

● 材料 [直径6cmのマフィン型12個分]

無塩バター──120g
塩──小さじ1/8
上白糖──120g
バニラビーンズ──1本
全卵──1個（L玉）
卵黄──1個（L玉）
薄力粉──240g
ベーキングパウダー──小さじ1
ベーキングソーダ──小さじ1/2
牛乳──60cc

● オーブン温度・時間
180℃で約25分

● 下準備
・バターは室温に戻して、柔らかくしておく。
・薄力粉、ベーキングパウダー、ベーキングソーダは合わせてふるっておく。
・バニラビーンズは縦に切り、種をしごき出しておく。

1 型には、紙カップをセットしておく。

2 室温に戻したバターをボウルに入れ、ホイッパー、またはハンドミキサーでクリーム状に練る。塩、上白糖、バニラビーンズの種を加え、よく空気を含んで白っぽくなるまでかき混ぜる。

3 全卵と卵黄を合わせて溶きほぐす。**2**に3〜4回に分けて加える。そのつどよくかき混ぜること。

4 合わせてふるった粉類の約半量を加え、粉っぽさがなくなるまで、ゴムべらでさっくり合わせる。

5 牛乳を半量加え、完全になじむまでゴムべらで合わせたら、残りの粉類の約半量を加え、混ぜ合わせる。同様に牛乳と粉類を交互に加え混ぜる。

6 生地を絞り袋に詰め、型へ均等に絞り出す。180℃のオーブンで約25分焼く。焼き上がったら型からはずし、粗熱を取る。

バナナマフィン
Banana muffin
製作／柳瀬久美子

バナナとホイップクリームの相性は抜群。
でき上がったマフィンをくり抜き、
ホイップクリームをたっぷり詰めていただきます。
円錐形にくり抜いたマフィンを、帽子のように
"ちょこん"とかぶせ、おめかしして。

●材料［直径6cmマフィン型約12個分］
＊マフィン生地
無塩バター——120g
塩——小さじ1/8
上白糖——100g
バニラオイル——少々
全卵——1個（L玉）
薄力粉——240g
ベーキングパウダー——小さじ1
ベーキングソーダ——小さじ1/2
バナナ——中1本（80～100g）
牛乳——20cc
ヨーグルト——20g
＊ホイップクリーム
生クリーム——200cc
上白糖——20g
ラム酒——大さじ1

●オーブン温度・時間
180℃で約25分

●下準備
・バターは室温に戻して、柔らかくしておく。
・薄力粉、ベーキングパウダー、ベーキングソーダは合わせてふるっておく。
・バナナはフォークの背でつぶしてピューレ状にし、牛乳、ヨーグルトと合わせておく（写真a）。
・全卵はホイッパーでよくコシを切るように溶きほぐしておく。

●バナナマフィンを作る
1 型には紙カップをセットしておく。
2 室温に戻したバターをボウルに入れ、ホイッパー、またはハンドミキサーでクリーム状に練る。塩、上白糖、バニラオイルを加え、よく空気を含んで白っぽくなるまでかき混ぜる。
3 2に、溶いた全卵を3～4回に分けて加える。そのつどよくかき混ぜること。
4 合わせてふるった粉類の約半量を加え、粉っぽさがなくなるまで、ゴムべらでさっくり合わせる（写真b）。
5 粉っぽさが完全になくなったら、バナナピューレと牛乳、ヨーグルトを合わせたものを半量加え、ゴムべらで同様にしっかりと混ぜ合わせる。
6 残りの粉の半量を加えてゴムべらで混ぜ合わせたら、バナナピューレ、粉を同様に交互に混ぜ合わせる。
7 生地を絞り袋に詰め、型へ均等に絞り出す。180℃のオーブンで約25分焼く。焼き上がったら粗熱を取り、型からはずす。ケーキクーラーの上で完全に冷ます。

●クリームを詰めて仕上げる
1 ホイップクリームの材料をボウルに入れ、ホイッパー、またはハンドミキサーで七～八分立てにする（写真c）。
2 完全に冷めたマフィンの頭の部分にペティナイフを差し込み、円錐形にくり抜く（写真d）。
3 ホイップクリームを絞り袋に詰め、あいた穴に絞り込む。くり抜いたマフィンの頭を、上にのせる。

PART 2 かんたんシンプルなお菓子

ブルーベリーをたっぷりと混ぜて作るマフィンです。
プレーンマフィンで使う牛乳の一部をヨーグルトに置き換え、さっぱりとした味に仕上げました。

ブルーベリーマフィン
Blueberry muffin

製作／柳瀬久美子

● 材料［直径6cmのマフィン型7個分］
- 無塩バター——120g
- 塩——小さじ1/8
- 上白糖——60g
- ブラウンシュガー——60g
- 全卵——1個（L玉）
- 卵黄——1個（L玉）
- 薄力粉——240g
- ベーキングパウダー——小さじ1
- ベーキングソーダ——小さじ1/2
- 牛乳——30cc
- ヨーグルト——30g
- ブルーベリー——約60g
- マラスキーノ——大さじ2

● オーブン温度・時間
180℃で25～30分

● 下準備
・バターは室温に戻して柔らかくしておく。
・薄力粉、ベーキングパウダー、ベーキングソーダは合わせてふるっておく。
・ブルーベリーはマラスキーノと合わせておく（写真a）。
・牛乳とヨーグルトは合わせておく。

1 型には紙カップをセットしておく。
2 室温に戻したバターをボウルに入れ、ホイッパー、またはハンドミキサーでクリーム状に練る。塩、砂糖類を加え、よく空気を含んで白っぽくなるまでかき混ぜる。
3 全卵と卵黄を合わせて溶きほぐす。1に3～4回に分けて加える。そのつどよくかき混ぜること。
4 合わせてふるった粉類の約半量を加え、粉っぽさがなくなるまで、ゴムべらでさっくり合わせる。
5 牛乳とヨーグルトを合わせたものを半量加え、完全になじむまでゴムべらで合わせたら、残りの粉類の約半量を加え、混ぜ合わせる。同様に、牛乳とヨーグルトを合わせたものと粉類を交互に加え混ぜる。
6 マラスキーノと一緒にしたブルーベリーは、飾り用に少し取っておき、4に加え、ゴムべらで合わせる。
7 生地を絞り袋に詰め、型へ均等に絞り出す。飾り用に取っておいたブルーベリーをのせ、180℃のオーブンで25～30分焼く。
8 焼き上がったら粗熱を取る。

飽きのこないチョコレートマフィン。ここでは、スイートチョコレートよりもちょっと甘みがおだやかなミルクチョコレートを使い、やさしい味に仕上げました。

チョコレートマフィン
Chocolate muffin
製作／柳瀬久美子

● 材料［直径6cmのマフィン型12個分］
- 無塩バター——120g
- 塩——小さじ1/8
- 上白糖——120g
- 全卵——1個（L玉）
- 卵黄——1個（L玉）
- 薄力粉——220g
- ココア——30g
- ベーキングパウダー——小さじ1
- ベーキングソーダ——小さじ1/2
- 牛乳——60cc
- ミルクチョコレート——80g

● オーブン温度・時間
180℃で約25分

● 下準備
・バターは室温に戻し、柔らかくしておく。
・薄力粉、ココア、ベーキングパウダー、ベーキングソーダは合わせてふるっておく。

1 型には、紙カップをセットしておく。

2 チョコレートは粗く刻んでおき、飾り用に少し取っておく。

3 室温に戻したバターをボウルに入れ、ホイッパー、またはハンドミキサーでクリーム状に練る。塩、上白糖を加え、よく空気を含み、白っぽくなるまでかき混ぜる。

4 全卵と卵黄を合わせて溶きほぐす。3に3〜4回に分けて加える。そのつどよくかき混ぜること。

5 合わせてふるった粉類の約半量を加え、粉っぽさがなくなるまで、ゴムべらでさっくり合わせる。

6 牛乳を半量加え、完全になじむまでゴムべらで合わせたら、残りの粉類の約半量を加え、混ぜ合わせる。同様に牛乳と粉類を交互に加え混ぜる。最後に刻んだチョコレートを加え混ぜる。

7 生地を絞り袋に詰め、型へ均等に絞り出す。飾り用のチョコレートをのせ、180℃のオーブンで約25分焼く。焼き上がったら型からはずし、粗熱を取る。

PART 2 かんたんシンプルなお菓子

Part 3

口どけを楽しみたいデザート

プリン・ムース・アイスクリーム

ぷるぷる、ふわふわ、
シャリシャリ、とろ〜り…
思わず笑顔がこぼれてしまいそうな
"口どけデザート"は、
四季を問わずに食べたいもの。
手作りならではのおいしさを、
ぜひご賞味あれ。

カスタードプリン
Custard pudding

制作／葛西麗子

とってもかんたんな手順でできてしまうのが、プリンのいいところ。
いろいろとバリエーションも豊富なだけに、どれから作ろうか、迷ってしまいそう…。
どれもおいしいけれど、やっぱり一番の人気は、このカスタードプリンではないでしょうか？
シンプルなレシピだからこそ、材料選びにもしっかりと気を配って作りたいですね。

PART 3 口どけを楽しみたいデザート

●材料［プリン型4個分］
＊カラメルソース
グラニュー糖——40g
お湯——大さじ2
＊カスタードプリン
全卵——1個(L玉)
卵黄——2個(L玉)
グラニュー糖——50g
牛乳——300cc
バニラビーンズ——1/2本

● カラメルソースを作る

1 型の内側にバター(分量外)を塗る。

2 鍋にグラニュー糖を入れて中火にかける。

3 鍋を軽くゆすりながらグラニュー糖を焦がす。

4 これくらいに色が付いたら、手早くお湯を注ぐ。鍋をゆすってカラメルを溶かす。

5 火から下ろして1～2分おく。カラメルソースのでき上がり。

6 等分で型に注ぐ。

>> p.132につづく

●カスタードプリンを作る

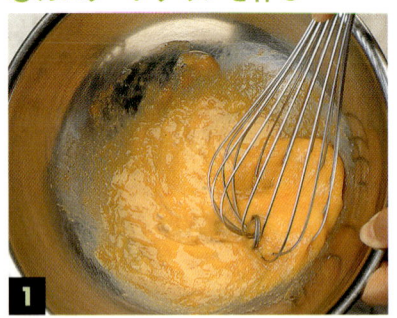

1
ボウルに全卵と卵黄を入れて溶きほぐし、グラニュー糖を加え、ホイッパーで軽くすり混ぜる。
＊混ぜすぎに注意。白っぽくなるまで混ぜる必要はありません。

2
鍋に、牛乳とバニラビーンズを入れ、沸騰直前まで温める。

3
1に**2**を一度に加え、軽く混ぜる。ここで加える牛乳の温度は、なるべく高い方がよい（70℃前後）。

4
別のボウルに漉して移し、漉し器に残ったバニラビーンズの種をしごき出して生地に加える。

5
カラメルソースの入った型に**4**を注ぐ。蒸し器に水を入れて火にかける。80℃くらいに温めたら火を止め、均等に間隔をとって、蒸気の上がった蒸し器に、型を並べる。中火にかけて約1分、弱火にかえて約20分蒸す。
＊途中でお湯が足りなくなってきたら、そのつど足します。

6
プリンのでき上がり。途中で竹串をさしてみて、何も付いてこなくなったらOK。粗熱が取れたら冷蔵庫に入れて冷やす。
＊冷蔵庫で2〜3時間冷やした頃が"食べ頃"です。

7
ナイフなど（竹串でもよい）を型と生地の間にさす。ひといきに一周まわして竹串を抜き、逆さにして型からはずす。

なめらかプリン
Smooth pudding

製作／葛西麗子

卵は卵黄だけを使い、牛乳には生クリームを混ぜて作る、ちょっと贅沢なレシピ。カラメルのほろ苦さがよりいっそう引き立つ、なめらかなプリンです。

● 材料 [耐熱グラス4個分]
＊カラメルソース
グラニュー糖──40g
お湯──大さじ1
＊なめらかプリン
卵黄──2個（L玉）
グラニュー糖──40g
牛乳──150cc
生クリーム──150cc
バニラビーンズ──1/2本

● 下準備
・バニラビーンズは縦に切り込みを入れておく。

● カラメルソースを作る
1 鍋にグラニュー糖を入れて中火にかける。鍋をゆすりながらグラニュー糖を焦がす。
2 色が付いたら、手早くお湯を注ぐ。鍋をゆすってカラメルを溶かす。
3 カラメルソースのでき上がり。等分で耐熱グラスに注ぐ（写真a）。

● なめらかプリンを作る
1 ボウルに卵黄を入れて溶きほぐし、グラニュー糖を加え、ホイッパーで軽くすり混ぜる（写真b）。
2 鍋に、牛乳と生クリーム、バニラビーンズを入れ、沸騰直前まで温める。
3 1に2を一度に加え、軽く混ぜる（写真c）。
4 別のボウルに漉して移し、バニラビーンズの種をしごき出して生地に加える。
5 カラメルソースの入ったグラスに4を注ぎ、均等に間隔をとって、蒸気の上がった蒸し器に入れる。中火にかけて約1分間、弱火にかえて約20分蒸す。
6 途中で竹串をさしてみて、何も付いてこなくなったらOK。粗熱が取れるまで冷ます。

PART 3 口どけを楽しみたいデザート

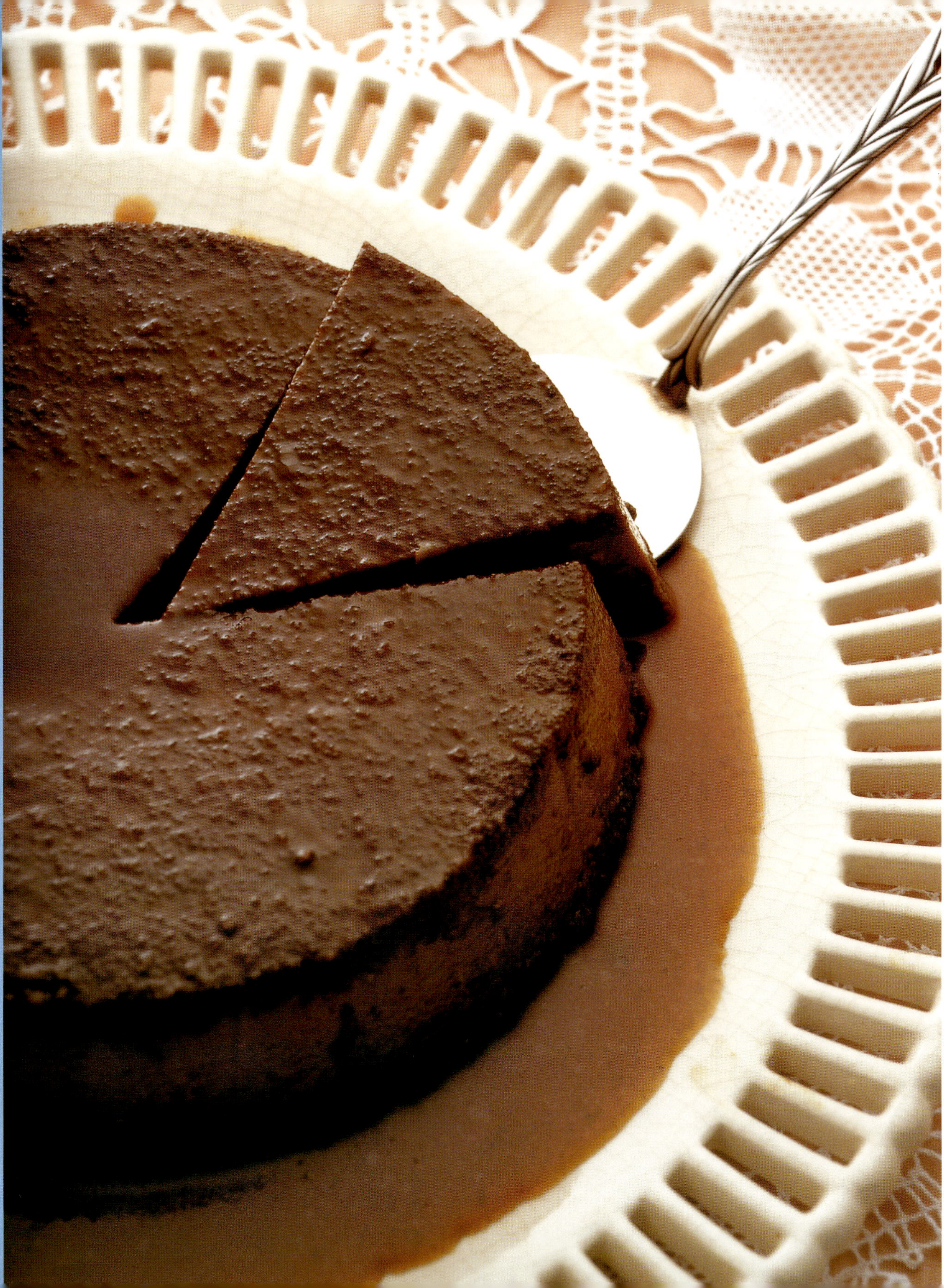

ココアプリン
Cocoa pudding

製作／葛西麗子

型底に沈む"しっかりとした食感"の秘密は、コアントローで風味付けしたスポンジ生地。プリン生地に水分が少ないので、オーブンで湯せん焼きして作ります。スポンジ生地がなければ、プレーンタイプのビスケットなどで代用しても。

●材料[18cm×3.5cmの丸型1台分]
＊カラメルソース
グラニュー糖——40g
お湯——大さじ2
＊ココアプリン
全卵——4個（L玉）
グラニュー糖——80g
ココア（無糖）——大さじ2
牛乳——400cc
スポンジ生地（市販品）——50g
コアントロー——大さじ2
※スポンジ生地のかわりに、プレーンビスケット、または生パン粉でもよい。

●オーブン温度・時間
160℃で1時間～1時間30分

●下準備
・型の内側にバター（分量外）を塗っておく。
・湯せん焼きのためのお湯を用意する。

●カラメルソースを作る
1 鍋にグラニュー糖を入れて中火にかける。鍋をゆすりながらグラニュー糖を焦がす。
2 色が付いたら、手早くお湯を注ぐ。鍋をゆすってカラメルを溶かす。
3 カラメルソースのでき上がり。型に注ぐ。

●ココアプリンを作る
1 細かくしたスポンジ生地に、コアントローを加え、スプーンなどでなじませる（写真a）。
2 ボウルに全卵を入れて溶きほぐし、グラニュー糖とココアを加え、ホイッパーで軽くすり混ぜる（写真b）。
3 鍋に牛乳を入れ沸騰直前まで温める。
4 2に3を一度に加え、軽く混ぜ、別のボウルに漉して移す。ここに1を加え、軽く混ぜる（写真c）。
5 ふた回り大きなバットにカラメルソースの入った型をおき、型に4を注ぐ（写真d）。
6 アルミホイルでしっかりと型を覆う。天板におき、バットに、型の半分の高さくらいまでお湯を注ぐ。
7 160℃のオーブンで1時間～1時間30分焼く。途中でお湯が足りなくなってきたら、そのつど足す。竹串をさしてみて、何も付いてこなくなったらOK。粗熱が取れるまで冷まし、竹串などを型と生地の間にさして一周まわし、型からはずす。

PART 3 口どけを楽しみたいデザート

かぼちゃプリン
Pumpkin pudding

製作／葛西麗了

かぼちゃの甘みを"ギュッ"と閉じ込めました。
自然の野菜はそれぞれ甘みもちがうので、好みによって砂糖を加減して。
洋酒で香りを付けてもおいしくいただけます。

● 材料
[20cm×10cm×5cmのパウンド型1本分]
＊カラメルソース
グラニュー糖──40g
お湯──大さじ2
＊かぼちゃプリン
全卵──3個（L玉）
グラニュー糖──80g
牛乳──300cc
生クリーム──50cc
かぼちゃ（茹でたもの）──200g

● オーブン温度・時間
160℃で1時間～1時間30分

● 下準備
・型の内側にバター（分量外）を塗っておく。
・茹でたかぼちゃを分量（200g）用意し、裏漉ししておく。
・湯せん焼きのためのお湯を用意する。

● カラメルソースを作る
1　鍋にグラニュー糖を入れて中火にかける。鍋をゆすりながらグラニュー糖を焦がす。
2　色が付いたら、手早くお湯を注ぐ。鍋をゆすってカラメルを溶かす。
3　カラメルソースのでき上がり。型に注ぐ。

● かぼちゃプリンを作る
1　ボウルに全卵を入れて溶きほぐし、グラニュー糖を加え、ホイッパーで軽くすり混ぜる。
2　鍋に、牛乳と生クリームを入れ、沸騰直前まで温める。
3　1に2を一度に加え、軽く混ぜる。裏漉ししたかぼちゃを加えて混ぜる（写真a）。
4　別のボウルに漉して移す。ゴムべらなどを使って、よく漉すこと（写真b）。
5　ふた回り大きなバットにカラメルソースの入った型をおき、4を注ぐ（写真c）。
6　5を天板におき、アルミホイルでしっかりと型を覆う（写真d）。バットに、型の半分の高さくらいまでお湯を注ぐ。
7　160℃のオーブンで1時間～1時間30分焼く。途中でお湯が足りなくなってきたら、そのつど足す。竹串をさしてみて、何も付いてこなくなったらOK。粗熱が取れるまで冷まし、竹串などを型と生地の間にさして一周まわし、型からはずす。

PART 3 口どけを楽しみたいデザート

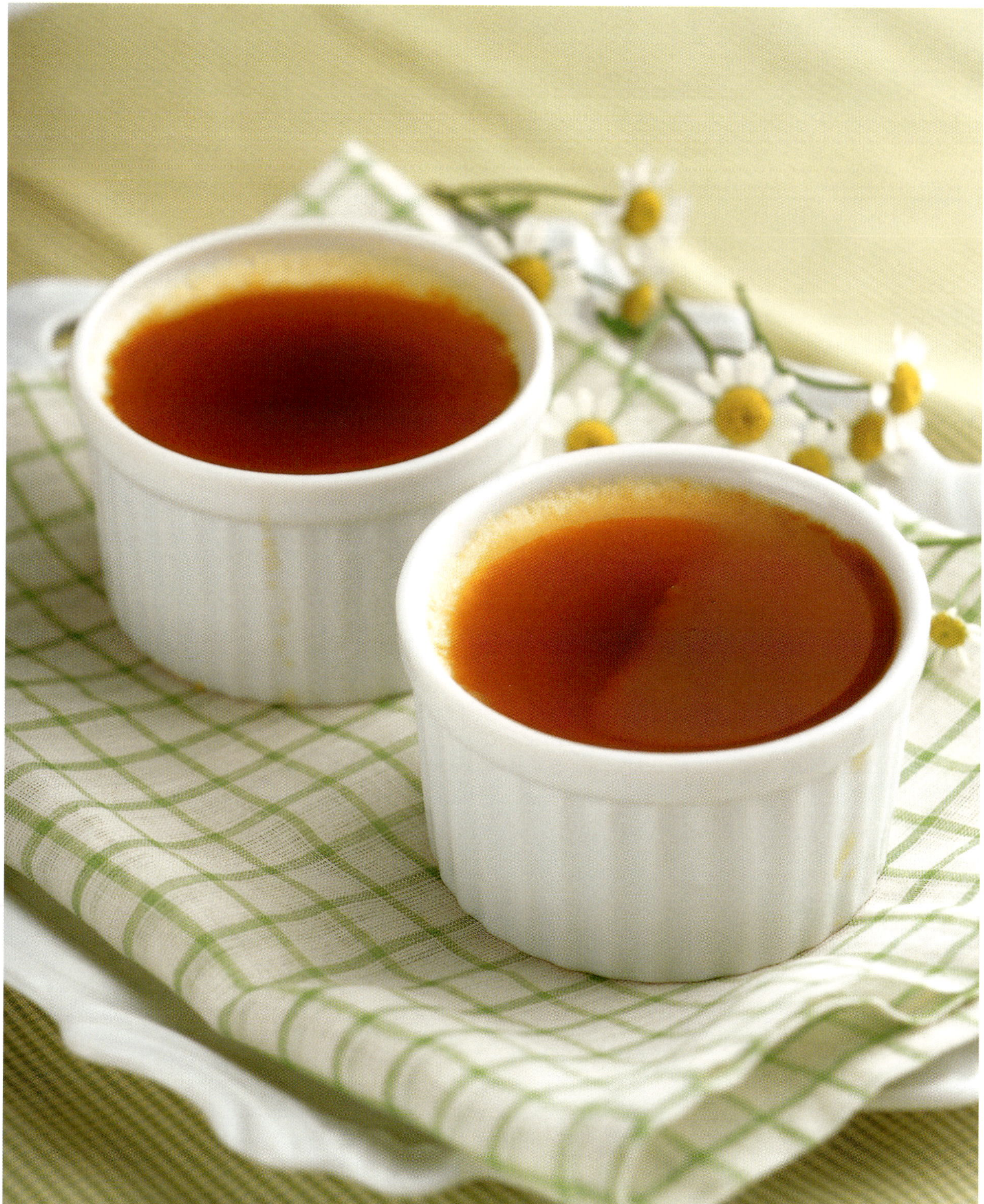

オレンジプリン
Orange pudding

製作／葛西麗子

牛乳のかわりに、オレンジジュースを使って作りました。
おだやかな酸味を効かせた爽やかプリン。カラメルソースにも少し酸味を付けて。

●材料
[直径6cmのココット型4個分]
＊オレンジプリン
全卵──2個（L玉）
グラニュー糖──40g
オレンジジュース──200cc
無塩バター──大さじ1
＊オレンジ風味のカラメルソース
オレンジジュース──60cc
グラニュー糖──40g

●オレンジプリンを作る
1 ボウルに全卵を入れて溶きほぐし、グラニュー糖を加え、ホイッパーで軽くすり混ぜる（写真a）。
2 鍋にオレンジジュースを入れ、人肌（40℃くらい）に温める。
3 **1**に**2**を一度に加え、軽く混ぜる（写真b）。
4 バターを電子レンジで溶かし、**3**に加えて軽く混ぜる（写真c）。別のボウルに漉して移す。
5 ココット型に**4**を注ぐ（写真d）。均等に間隔をとって、蒸気の上がった蒸し器に入れる。中火にかけて約1分間、弱火にかえて約20分蒸す。
6 途中で竹串をさしてみて、何も付いてこなくなったらOK。粗熱が取れるまで冷ます。

●オレンジ風味の
　カラメルソースを作る
1 鍋にオレンジジュースを入れて火にかけ、沸騰直前まで温めておく。
2 別の鍋にグラニュー糖を入れて中火にかける。鍋をゆすりながらグラニュー糖を焦がす。
3 色が付いたら手早くオレンジジュースを注ぐ。鍋をゆすってカラメルを溶かす。オレンジ風味のカラメルソースのでき上がり。
4 食べる直前にオレンジプリンにかける。

PART 3　口どけを楽しみたいデザート

バニラババロア
Vanilla bavarois

製作／加賀和子

ぷるるんとしてコクのある、バニラババロア。そのまま食べてももちろん、カラメルオレンジソースを添えても、おいしくいただけます。

● 材料
[6cm×4cmゼリー型6個分]

＊バニラババロア
板ゼラチン──5g
牛乳──250g
バニラビーンズ──1/4本
卵黄──3個（L玉）
グラニュー糖──50g
生クリーム──130g

＊カラメルオレンジソース
グラニュー糖──50g
オレンジ果汁──1個分
グランマルニエ──20cc

● 下準備
・バニラビーンズを縦に切り、中の種をしごき出しておく。

● バニラババロアを作る

1 板ゼラチンをたっぷりの水（分量外）で戻す。

2 鍋に牛乳、バニラビーンズの種とさやを入れて火にかけ、沸騰直前まで温める。

3 ボウルに卵黄を入れて溶きほぐし、グラニュー糖を加え、白っぽくなるまですり混ぜる。

4 2を少しずつ加え混ぜ、なじませながら合わせる。

5 4を鍋に戻して中火にかけ、へらで均一に混ぜながら、ゆっくり83℃まで加熱して、とろみを付ける。
＊温度が83℃をこえると、卵黄が固まってしまうので、温度計で確認しましょう。

6 火から下ろし、水気を絞った板ゼラチンを加え、混ぜ溶かす。

7 6の生地を漉してボウルに移す。

8 冷水に当てながら混ぜ、粗熱を取る。

9 別のボウルで生クリームを八分立てに泡立てる。このとき氷水に当てて泡立てること。

10 9の1/3量を8に加え混ぜ、なじませる。

11 なじませた生地を9に加え、ホイッパーで大きく混ぜ合わせる。

12 型に流し入れ、冷蔵庫で半日くらい冷やし固める。
point
冷蔵庫に入れる前に、トントンと、軽く台に打ち付けて空気を抜く。

13 型から抜くときは、50℃くらいのお湯に軽くつけ、指で型と生地の間に空気を入れるとうまくはずれる。

●カラメルオレンジソースを作る

1 鍋にグラニュー糖を入れ中火にかけ、木べらで混ぜる。
2 濃いきつね色に焦げたら火を止め、オレンジ果汁を加えて混ぜ、ボウルに漉して移す。
3 氷水に当てて混ぜ、グランマルニエを加える。

PART 3 口どけを楽しみたいデザート

ブラック＆
ホワイトチョコの
二層のババロア
Black & White chocolate bavarois

製作／加賀和子

ちょこっとサイズがかわいい、
ブラック×ホワイトの欲張り二層のババロア。
ここでは、二層にして仕上げていますが、
それぞれのチョコだけで作って食べても、
思わず頬が落ちてしまいそうなおいしさ。
型に入れず、小さなグラスなどに入れて
冷やして食べても。

PART 3 口どけを楽しみたいデザート

●材料
[5cm×35cm×4cmのようかん型2本分]

＊ホワイトチョコのババロア
板ゼラチン——5g
クーベルチュールチョコレート
（ホワイト）——60g
牛乳——100g
卵黄——2個（L玉）
グラニュー糖——15g
生クリーム——150g

＊ブラックチョコのババロア
板ゼラチン——10g
クーベルチュールチョコレート
（カカオ分55〜58％）——60g
ココアパウダー——20g
牛乳——500g
グラニュー糖——70g
生クリーム——100g

●下準備
・クーベルチュールはそれぞれ細かく刻んでおく。

●ホワイトチョコのババロアを作る

1 板ゼラチンをたっぷりの水（分量外）で戻す。
2 ボウルにクーベルチュールを入れ、湯せんにかけて溶かす（写真a）。
3 沸騰直前まで牛乳を温めておく。別のボウルで卵黄を溶きほぐし、グラニュー糖を加えて白っぽくなるまですり混ぜる。温めた牛乳を加えて混ぜる。
4 鍋に戻して再び温め、少しとろみが付いたら火から下ろし、水気を絞った板ゼラチンを加えて混ぜ溶かす。
5 2のクーベルチュールに4を漉し入れ（写真b）、氷水に当てて混ぜながら冷ます。
6 別のボウルで生クリームを七分立てに泡立て、5に3回に分けて加え、そのつど混ぜ合わせる。ホワイトチョコレートババロア生地のでき上がり。

●ブラックチョコのババロアを作る

1 板ゼラチンをたっぷりの水（分量外）で戻す。
2 ボウルに刻んだクーベルチュールとココアパウダーを入れ、湯せんにかけて溶かす。
3 鍋に、牛乳、グラニュー糖を入れて火にかけ沸騰直前まで温め、2に加えてホイッパーでよく混ぜる（写真c）。
4 水気を絞った板ゼラチンを加えて混ぜ溶かし、別のボウルに漉し移す。
5 氷水に当てて混ぜ、生クリームを少しずつ注ぐ。混ぜながら冷ましてとろみを付ける（写真d）。チョコレートババロア生地のでき上がり。

●型に入れて冷やし固める

1 どちらかのババロア生地を型の半分まで入れ、スプーンなどで平らにならす。下の生地が固まってから、もう片方の生地を入れて、冷蔵庫で半日くらい冷やし固める（写真e）。
＊型に入れる前にボウルの中で固まってしまった場合、軽く湯せんにかけて戻しましょう。
2 型から抜くときは、50℃くらいのお湯に軽くつけ、指で型と生地の間に空気を入れるとうまくはずれる。

イチゴババロア
Strawberry bavarois

製作／加賀和子

イチゴの冷凍ピューレを使った
"かんたんイチゴババロア"です。でも、味は一級品。
深みのあるコクの秘密は、たっぷりと使う生クリーム。
ポイントに、ほんの少しお酒を効かせた贅沢なお菓子です。
生のイチゴを使う場合は、ミキサーにかけて
ピューレ状にしてからお作り下さい。

●材料[10cm×5cmのゼリー型3個分]
板ゼラチン——6g
イチゴピューレ（冷凍）——150g
グラニュー糖——40g
生クリーム——90g
レモン果汁——1/4個
キルシュ——5cc
ポルト酒——適宜

1 板ゼラチンをたっぷりの水（分量外）で戻す。
2 鍋に、イチゴピューレとグラニュー糖を入れて火にかける。混ぜながら、グラニュー糖が完全に溶けるまで温める（写真a）。
3 火から下ろし、水気を絞った板ゼラチンを加えて混ぜ溶かす。
4 生クリームを八分立てに泡立てる。
5 **3**をボウルに漉し移し、氷水に当てて混ぜながら冷ましてとろみを付ける（写真b）。ここでレモン果汁を加える。
6 **5**の1/3量を**4**に加えてなじませる。**5**のボウルに戻して混ぜ合わせ、キルシュとポルト酒を加える。ここでも氷水に当ててとろみが付くまで混ぜること（写真c）。
7 型に入れて（写真d）、冷蔵庫で半日くらい冷やし固める。
8 型から抜くときは、50℃くらいのお湯に軽くつけ、指で型と生地の間に空気を入れるとうまくはずれる。

PART 3 口どけを楽しみたいデザート

バニラスフレグラッセ
Vanilla soufflé glacé
製作／加賀和子　作り方／p.148〜149

バニラ＆抹茶のマーブルムース
Vanilla & Powdered tea mousse

製作／加賀和子　作り方／p.150～151

PART 3 口どけを楽しみたいデザート

バニラスフレグラッセ
Vanilla soufflé glacé

写真／p.146

さっくりと混ぜた生地を、ココット型に
"流して固めるだけ"のアイスクリーム。
ふんわりと空気をたくさん含ませて生地を作るので、
器に流して固めるだけでもふわっとした口当たりのお菓子が
でき上がります。

● 材料［7cm×3cmのココット型6個分］
＊パータ・ボンブ
- 卵黄——3個（L玉）
  ＊シロップ
  - 水——20g
  - グラニュー糖A——80g
- 生クリーム——250g
＊イタリアン・メレンゲ
- 卵白——3個（L玉）
- グラニュー糖B——10g
  ＊シロップ
  - グラニュー糖C——110g
  - 水——30g
- グランマルニエ——適宜

● 下準備
・高さを出すため、ココット型の縁の上にフィルム（厚紙で代用してもよい）を巻いておく。

● パータ・ボンブを作る

1 鍋に分量の水とグラニュー糖Aを入れて火にかけ、118℃になるまで煮詰めてシロップを作る。

2 卵黄を白っぽくなるまでホイッパーで混ぜ、煮詰めたシロップを少しずつ加えて混ぜる。

3 ハンドミキサーにかえ、生地が完全に冷めるまで混ぜる。

4 パータ・ボンブのでき上がり。生地が完全に冷め、上から落としてみて流れ落ちた跡が少し残るくらいの状態ならOK。

● 生クリームを泡立てる

5 別のボウルで、生クリームを4の"パータ・ボンブ"と同じくらいの固さに泡立てる。

PART 3 口どけを楽しみたいデザート

●イタリアン・メレンゲを作る

6 鍋にグラニュー糖Cと分量の水を入れて火にかけ、**1**と同様に118℃になるまで煮詰めてシロップを作る。

7 ボウルに卵白とグラニュー糖Bを加え、軽く泡立てておく。**6**のシロップを少しずつ加えて、ハンドミキサーで完全に冷めるまで混ぜる。

8 イタリアン・メレンゲのでき上がり。
＊卵白に単に砂糖を加えて固く泡立てたメレンゲと違い、つやのあるしっかりとしたメレンゲになります。

●生地を合わせ、仕上げる

9 **5**の泡立てた生クリームの1/3量を**4**に加えてなじませ、**5**のボウルに戻して混ぜ合わせる。

10 **8**のイタリアン・メレンゲの1/3量を加えて混ぜる。

11 グランマルニエを適量加え、残りのイタリアン・メレンゲを加え、泡をつぶさないようにしてゴムべらで合わせる。

12 生地のでき上がり。
＊パータ・ボンブ、生クリーム、イタリアン・メレンゲのすべてに空気を含ませて、ふんわりと合わせた生地は、凍らせても軽い口当たりになります。

13 絞り袋に入れ、型に沿って絞り入れる。

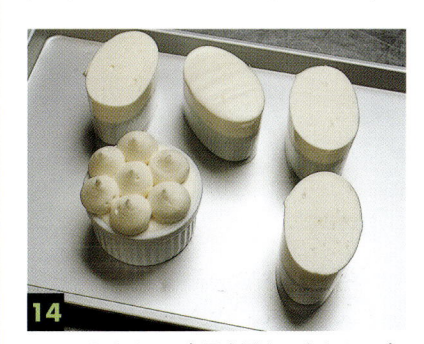

14 パレットナイフで表面を平らにならし、冷凍庫で冷やし固め、好みでミントを飾る。
＊絞り袋に生地が少し残った場合は、デコレーションして冷やし固めてもよいでしょう。

バニラ&抹茶のマーブルムース
Vanilla & Powdered tea mousse

写真／p.147

口のなかで"ふわっ"ととろける、バニラと抹茶のマーブルムース。
バニラムースの生地を作ってから、少し取り分けて粉末抹茶を混ぜます。
抹茶の量や、取り分ける生地の量は好みで加減して下さい。
粉末抹茶のかわりに、インスタントコーヒーでも同じように作れます。

● 材料 [7cm×25cmのとよ型 1 台分]
板ゼラチン── 5g
牛乳── 250g
バニラビーンズ── 1/4本
卵黄── 3個（L玉）
グラニュー糖A── 30g
生クリーム── 200g
卵白── 3個（L玉）
グラニュー糖B── 20g
抹茶（粉末）── 2g

● 下準備
・バニラビーンズを縦に切り、中の種をしごき出す。
・板ゼラチンは、たっぷりの水（分量外）で戻しておく。

● 生地を作る

1 鍋に牛乳、バニラビーンズの種とさやを入れて火にかけ、沸騰直前まで温める。

2 ボウルに卵黄を入れて溶きほぐし、グラニュー糖Aを加え、ホイッパーで白っぽくなるまですり混ぜる。

3 1を少しずつ加え混ぜ、なじませながら合わせる。

4 鍋に戻して中火にかけ、へらで均一に混ぜながら、ゆっくり83℃まで加熱して、とろみを付ける。
＊温度が83℃をこえると、卵黄が固まってしまうので、温度計で確認しましょう。

5 火から下ろし、水気を絞った板ゼラチンを加えて混ぜ溶かす。

6 生地を漉してボウルに移し、氷水に当てて冷ます。

● **生クリームを泡立てる**

7
別のボウルで生クリームを七分立てに泡立てる。このとき氷水に当てて泡立てること。

● **メレンゲを作る**

8
別のボウルで軽く卵白を泡立てる。グラニュー糖Bを入れて、ピンと角が立つくらいまで泡立てる。

● **生地を合わせる**

9
7の1/3量を**6**に加えてなじませ、**7**のボウルに戻して混ぜ合わせる。

10
メレンゲの1/3量を加えてホイッパーでなじませる。

11
残りのメレンゲを加え、ゴムべらで大きく混ぜ合わせる。

12
11の生地の1/3量を別のボウルに移し、少量のお湯（分量外）で溶いた抹茶を加えて混ぜる。

13
バニラの生地と抹茶の生地を、交互に型に入れ、最後にスプーンなどでそっと混ぜ、マーブル模様にする。

14
パレットナイフなどで表面を平らにならして、冷蔵庫で半日くらい冷やし固める。

15
型から抜くときは、50℃くらいのお湯に軽くつけ、指で型と生地の間に空気を入れるとうまくはずれる。

PART 3 口どけを楽しみたいデザート

キャラメルムース
Caramel mousse
製作／加賀和子

カラメルのほどよい苦みと甘さが"ちょっぴり大人の味"なムース。
ヘーゼルナッツのプラリネをたっぷりとかけて、どうぞ召し上がれ。
"ふわっ"とした口あたりの中に、プラリネの歯ごたえのある食感が、
見事にマッチしています。カラメルを十分に焦がし、風味を出すのがポイント。

● 材料[12cm×15cm×4cmの器3個分]

板ゼラチン──6g
グラニュー糖A──90g
生クリームA──275g
卵黄──3個（L玉）
生クリームB──375g
卵白──1個（L玉）
グラニュー糖B──20g

1 板ゼラチンをたっぷりの水（分量外）で戻す。

2 カラメルを作る。鍋にグラニュー糖Aを入れて中火にかけ、木べらでよく混ぜ、きつね色に焦げたら火から下ろす。焦がしすぎないように注意（写真a）。

3 別の鍋で生クリームAを沸騰させ、2～3回に分けて2に加えて混ぜる。氷水に当てて、混ぜながら粗熱を取る（写真b）。

4 ボウルに卵黄を入れて溶きほぐし、3を加えて混ぜる（写真c）。

5 鍋に戻して火にかける。とろみが付いたら火から下ろし、水気を絞った板ゼラチンを加えて混ぜ溶かす（写真d）。

6 ボウルに漉して移し、氷水に当てて冷ます。

7 別のボウルで生クリームBを七分立てに泡立てる。6に3回に分けて加え、そのつど混ぜる（写真e）。

8 別のボウルで軽く卵白を泡立てる。グラニュー糖Bを加えてピンと角が立つまで泡立てる。

9 7に8を3回に分けて加え、軽く混ぜ合わせる。

10 器に入れて（写真f）、冷蔵庫で2～3時間冷やし固める。食べる直前にプラリネ（p.235参照）をかける。

PART 3 口どけを楽しみたいデザート

イチゴ＆コーヒーの
キューブパルフェ
Strawberry & Coffee parfait

製作／加賀和子

コロコロとしてかわいい、ひとくちサイズの、あま～いキューブパルフェ。
タネができ上がってから、半分に分けて仕上げる方法なので、
手軽にふたつの味を楽しめます。製氷器からうまく取りだせない場合は、
小さなスプーンで"クルッ"とくり抜いて召し上がれ。

PART 3 口どけを楽しみたいデザート

●材料[各、製氷器1個分]
- 全卵——1個（L玉）
- 卵黄——2個（L玉）
- ＊シロップ
  - 水——100g
  - グラニュー糖——50g
- 生クリーム——250g
- インスタントコーヒー——8g
- ラム酒——15cc
- イチゴピューレ（冷凍）——50g

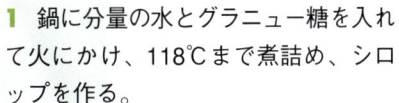

1 鍋に分量の水とグラニュー糖を入れて火にかけ、118℃まで煮詰め、シロップを作る。

2 ボウルに全卵と卵黄を入れ、白っぽくなるまでホイッパーで泡立てる。

3 2に1を少しずつ注ぎながら混ぜ、冷めるまでハンドミキサーで泡立て続ける。完全に冷めて、すくってみて落ちた跡が少し残るくらいの状態まで泡立てる。

4 インスタントコーヒーを少量のお湯（分量外）で溶いてラム酒を加えたものと、イチゴピューレを用意する（写真a）。生のイチゴをミキサーにかけてピューレ状にしてもよい。

5 別のボウルで生クリームを3と同じくらいの固さに泡立てる。3を加えて混ぜる。

6 5を半量に分け、それぞれにイチゴピューレとコーヒーを加え、ゴムべらで底からすくい上げるようにして混ぜる（写真b）。

7 製氷器に入れて、パレットナイフで表面をならす（写真c）。冷凍庫で冷やし固める。

クレーム・ダンジュ
Crème d'anjou

製作／栗山有紀

ふわっとした食感の、フランス生まれのクレーム・ダンジュ。
チーズの水分を適度に切るために、
ガーゼに包んで仕上げます。

●材料 [約6人分]
フロマージュブラン──200g
クリームチーズ──80g
卵白──50g
グラニュー糖──60g
生クリーム──200g
＊ダークチェリーのソース
ダークチェリー
　（種を取っておく）──500g
バニラビーンズのさや
　（裂いて種を出しておく）──1/2本
グラニュー糖──250g
赤ワイン（濃いめのもの）──100g

point
クレーム・ダンジュについて
フロマージュブランとは牛乳を酵素で固めただけのフレッシュチーズです。このチーズを使ったお菓子がクレーム・ダンジュ。フランス・アンジュ地方の伝統的な家庭菓子です。
赤い果実とよく合います。ブラックチェリーをワインと一緒に煮詰めたソースで味に深みを出します。

●クレーム・ダンジュを作る

1 フロマージュブランとクリームチーズを室温に戻し、柔らかくしてから混ぜる。

2 別のボウルに卵白とグラニュー糖を入れて泡立て、メレンゲを作る。

3 生クリームをハンドミキサーで泡立てて七分立てにする。

4 **1**に**3**の生クリームを入れ混ぜ、次に**2**のメレンゲを入れてやさしく混ぜる。メレンゲの白っぽいところが残ってもよい。混ぜすぎないこと。

5 容器にガーゼをのせ、スプーンで**4**をたっぷり詰める。このとき底が少し浮いている感じにする。ガーゼで巾着のように絞り包み冷蔵庫で1時間冷やす。

●ダークチェリーのソースを作る

1 鍋にダークチェリー、バニラビーンズのさや、グラニュー糖を入れる。
2 ダークチェリーから水分が出たら、火にかける。沸騰するまでは強火、沸騰したら弱火にする。
3 赤ワインを加え、形を残しながら20分くらい煮詰める。ダークチェリーのソースのでき上がり。
好みで、クレーム・ダンジュに添える。

PART 3 口どけを楽しみたいデザート

バニラアイスクリーム
Vanilla ice cream

製作/加賀和子

アイスクリームといえば、バニラアイス。
バニラビーンズのあま～い香りと、
しっかり感じる卵の味に、マイルドな口当たり。
生クリームをたっぷり使って
リッチに仕上げているのがおいしさの秘密です。

●材料
[10cm×20cm×6cmの容器1個分]
牛乳──250g
バニラビーンズ──1/4本
卵黄──3個（L玉）
グラニュー糖──70g
生クリーム──125g

●下準備
・バニラビーンズを縦に切り、中の種をしごき出しておく。

1 鍋に牛乳、バニラビーンズの種とさやを入れて火にかけ、沸騰直前まで温める。

2 ボウルに卵黄を入れて溶きほぐし、グラニュー糖を加え、ホイッパーで白っぽくなるまですり混ぜる。

3 1を少しずつ加え混ぜ、なじませながら合わせる。

PART 3 口どけを楽しみたいデザート

4
鍋に戻して中火にかけ、へらで均一に混ぜながら、ゆっくり83℃まで加熱して、とろみを付ける。
＊温度が83℃をこえると、卵黄が固まってしまうので、温度計で確認しましょう。

point
指で線を引いてみて、筋が残るくらいならOK。これを"クレーム・アングレーズ"という。

5
4を漉してボウルに移す。バニラのさやと固まった卵黄の小さな粒を取り除く。

6
空気をよく含ませるため、ハンドミキサーで、完全に冷めるまで混ぜる。

7
別のボウルで生クリームを八分立てに泡立てる。このとき氷水に当てて泡立てること。

8
6の1/3量を7に加え、ホイッパーで混ぜ、なじませる。

9
なじませた8を6に戻し、ホイッパーで混ぜ合わせる。

10
生地のでき上がり。このまま冷凍庫へ入れ、冷やす。
＊冷凍庫へボウルが入らない場合は小さな容器（タッパーなどでも可）に移して冷やしましょう。

11
30分くらいして表面がほぼ固まったら、冷凍庫から出し、ホイッパーで全体をかき混ぜて空気をたっぷり含ませる。ふたたび冷凍庫で冷やし固める。この作業を3〜4回繰り返す。

12
アイスクリームのでき上がり。

アイスクリームバリエーション
Ice cream variation

製作／加賀和子

基本にちょっと手を加えれば、どんどんバリエーションが広がるアイスクリーム。
ここでは、ポイントのみを解説していますので、p.158のバニラアイスを参照しながら作りましょう。

＊それぞれの風味を引き立たせるために、バニラビーンズは加えずに作ります。

＊ミキサーがない場合は、漉し器などで裏漉しします。

抹茶アイスクリーム
Powdered tea ice cream

粉末抹茶を手早く混ぜるだけ。
まろやかな味が広がります。

●材料
[10cm×20cm×6cmの容器1個分]

牛乳——250g
卵黄——2個（L玉）
グラニュー糖——70g
抹茶（粉末）——8g
生クリーム——125g

＊p.158の**2**で、グラニュー糖と一緒に粉末抹茶を加えてすり混ぜる。

バナナアイスクリーム
Banana ice cream

ちょっぴりラム酒を効かせた、バナナのアイス。
手軽に手に入る材料が、こんな素敵なデザートに。

●材料
[10cm×20cm×6cmの容器1個分]

牛乳——250g
卵黄——2個
グラニュー糖——35g
バナナ——180g（約2本分）
生クリーム——125g
ラム酒——10cc

＊バナナをミキサーにかけてピューレ状にし、p.159の**6**が冷めたら加えて混ぜる。冷凍庫に入れる前にラム酒を加える。

チョコレート
アイスクリーム
Chocolate ice cream

いつでも人気のチョコアイス。
チョコチップなどを混ぜ込んでもおいしそう。

●材料
[10cm×20cm×6cmの容器1個分]
牛乳——250g
卵黄——2個
グラニュー糖——50g
クーベルチュールチョコレート
（カカオ55～58％）——70g
生クリーム——125g

＊チョコレートを細かく刻んでボウルに入れておく。p.159の**4**で、火から下ろした"クレーム・アングレーズ"を、チョコレートのボウルに注いで混ぜ溶かす。

練乳＆イチゴマーブル
アイスクリーム
Condensed milk &
Strawberry ice cream

卵黄を使わずに作るアイスクリーム。
練乳の甘さと、イチゴの甘酸っぱさが見事にマッチしています。

●材料
[10cm×20cm×6cmの容器1個分]
牛乳——200g
グラニュー糖——20g
練乳——62g
生クリーム——125g
イチゴ——1/2パック

＊牛乳とグラニュー糖を火にかけ、沸騰直前まで温めてグラニュー糖を完全に溶かす。練乳を加えて漉し、ハンドミキサーで完全に冷めるまで混ぜる。
＊イチゴをミキサーにかけてピューレ状にする。アイスクリームができ上がってから少しずつ加えて混ぜ、マーブル模様に仕上げる。混ぜすぎると模様にならないので注意。

PART 3 口どけを楽しみたいデザート

レモンシャーベット
Lemon sherbet

製作／加賀和子

レモンの甘酸っぱさが口いっぱいに広がる、目の覚めるようなおいしさ。すり下ろしたレモンの皮が、手作りならではの味を引き立たせます。新鮮なレモンでぜひお作り下さい。

●材料
[10cm×20cm×6cm容器1個分]

レモン果汁──250g（約5個分）
水──250g
＊シロップ
　水──250g
　グラニュー糖──250g
レモンの皮──1/2個分
板ゼラチン──2g

PART 3 口どけを楽しみたいデザート

1
板ゼラチンをたっぷりの水(分量外)で戻す。

2
レモンの皮に添ってナイフを入れ、ぐるりと一周切れ込みを入れる。
スプーンなどを切れ込みに入れ、皮から果肉を取り出す。皮は器として使用するので、冷凍庫に入れて凍らせておく。

3
レモンの皮をすり下ろし、さらに細かく刻む。

4
くり抜いた果肉を絞り、果汁を分量用意する。

5
鍋に水とグラニュー糖を入れて沸騰させて煮詰め、シロップを作る。

6
火から下ろす。ゼラチンを加えて混ぜ溶かし、ボウルに移す。

7
レモン果汁の酸味を調節するため、水を加える。
＊ジュースやピューレなどを使う場合は必要ありません。

8
6のシロップに7を加えてよく混ぜる。

9
すり下ろしたレモンの皮を加え、冷凍庫へ入れて冷やす。
＊ボウルが冷凍庫に入らない場合は、小さな容器(タッパーなどでも可)に入れて冷やします。

10
30分くらいして、表面がシャリシャリと固まってきたら、いったん取り出してかき混ぜる。ふたたび冷凍庫で冷やし固める。

11
さらに30分くらい冷やし、空気を含ませるようにかき混ぜる。この作業を3〜4回繰り返す。表面が固まりすぎてホイッパーでかき混ぜることができない場合は、スプーンなどを使って混ぜてもよい。

12
好みの固さになったら、よく冷やした器に盛って、でき上がり。

163

シャーベットバリエーション
Sherbet variation

製作／加賀和子

フルーツの個性を生かして作るシャーベットは、果肉をピューレ状にしてから作ります。
味見をしながら少しずつシロップを加えて、甘味と酸味を調節して下さい。
ここではポイントのみを解説していますので、p.162のレモンシャーベットを参照しながら作りましょう。
＊果汁のかわりに、ピューレ状にした果肉を使うので、水は加えずに作ります。
＊ミキサーがない場合は、漉し器などで裏漉しをしてピューレ状にします。

キウイシャーベット
Kiwifruits sherbet

香り付けにキルシュをほんの少し加えて風味を出しました。

●材料
[10cm×20cm×6cmの容器1個分]
キウイ——400g（約5個分）
＊シロップ
　水——100g
　グラニュー糖——70g
キルシュ——適宜
板ゼラチン——2g

＊皮をむいたキウイをミキサーにかけてピューレ状にし、p.163の**6**（シロップにゼラチンを溶かし混ぜたもの）を加え混ぜて、冷凍庫で冷やし固める。

リンゴシャーベット
Apple sherbet

カルバドス（リンゴ酒を蒸留して熟成させたお酒）を少し加えて作る、リンゴのシャーベット。

●材料
[10cm×20cm×6cmの容器1個分]
リンゴ——600g（約3個分）
＊シロップ
　水——100g
　グラニュー糖——70g
レモン果汁——1/2個
カルバドス——適宜
板ゼラチン——2g

＊リンゴは皮をむいて芯を取り除き、ミキサーにかけてピューレ状にし、p.163の**6**（シロップにゼラチンを溶かし混ぜたもの）を加え混ぜる。レモン果汁と好みでカルバドスを適量加えて、冷凍庫で冷やし固める。

パイナップルシャーベット
Pineapple sherbet

フレッシュでも、缶詰でも作れるシャーベット。パイナップルには"分解酵素"が含まれているので、ゼラチンは加えずに作ります。

●材料
[10cm×20cm×6cmの容器1個分]

パイナップル——400g（約1/2個分）
＊シロップ
　水——100g
　グラニュー糖——70g
ドライジン——10cc

＊パイナップルの果肉をミキサーにかけてピューレ状にし、p.163の**6**（シロップにゼラチンを溶かし混ぜたもの）を加え混ぜる。ドライジンを加えて、冷凍庫で冷やし固める。
※缶詰を使う場合は、シロップを作る必要はない。缶詰のシロップに水を加えて好みの味に調節し、冷凍庫で冷やし固める。

トマトシャーベット
Tomato sherbet

最後にタバスコを一滴！キュッと味をひきしめて作る、トマトのシャーベット。

●材料
[10cm×20cm×6cmの容器1個分]

トマト——400g（約4〜6個分）
＊シロップ
　水——100g
　グラニュー糖——70g
タバスコ——1滴
板ゼラチン——2g

＊トマトは熱湯をかけて皮をむき、種を取り除いてからミキサーにかけてピューレ状にする。p.163の**6**（シロップにゼラチンを溶かし混ぜたもの）を加え混ぜる。タバスコを加えて混ぜ、冷凍庫で冷やし固める。

PART 3 口どけを楽しみたいデザート

ゆず風味のさっぱりシャーベット
Yuzu orange sherbet

製作／柳瀬久美子

さっぱりとしたあと味に、ほのかな大根の香り。
ゆずの風味がさわやかに口の中に広がって、驚きのおいしさです。

●材料[5〜6人分]
＊ゆずのマーマレード
ゆず——2個
水——80cc
上白糖——100g
＊シャーベット
大根——250g（正味200g）
水——420cc
グラニュー糖——250g
はちみつ——40g
水飴——60g
ゆずの果汁——80cc（約5個分）
ゆずのマーマレード——50g

●ゆずのマーマレードを作る
1 大きめの鍋にたっぷりのお湯（分量外）を沸かし、沸騰したら火を止めてゆずを入れ、約10分浸けて取り出す。
2 ゆずを4等分にカットして果汁を搾り出し、種を取り除く。残った皮と果肉をなるべく細かくスライスする（写真a）。
3 ホーローの鍋に、分量の水、上白糖、2のゆず果汁、皮、果肉を入れ火にかける。
4 沸騰したらごく弱火にして、木べらでときどきかき混ぜながら、皮が透き通って水分がほとんど出なくなり、とろみが付くまで煮詰める（写真b）。
＊でき上がったマーマレードは約1ヶ月冷蔵庫で保存できます。熱湯消毒した瓶に入れ、粗熱を取ってから冷蔵庫に移しましょう。

●シャーベットを作る
1 大根は厚さ3〜4cmの輪切りにして皮をむく。鍋にたっぷりのお湯（分量外）を沸かし、米ひとつかみ（分量外）と共に大根を茹でる（写真c）。箸がすっと入るくらいやわらかくなったら火から下ろし、流水にさらす。
2 1が冷めたら、フードプロセッサーにかけてピューレ状にし、正味200gを用意する。
3 鍋に、分量の水、グラニュー糖、はちみつ、水飴を入れ、火にかけて沸騰させる。
4 沸騰したら火から下ろし、粗熱を取ってゆずの果汁、2、ゆずのマーマレードを加えて混ぜる（写真d）。
5 バットに流し入れ、冷凍庫で約2時間冷やし固める。
6 固まったらいくつかに割り砕き、フードプロセッサーにかけてフローズン状にする（写真e）。
＊手早く作業しないと溶けてくるので注意しましょう。
7 タッパーなどの密閉容器に入れ、再び冷凍庫に入れ完全に冷やし固める。

皿／椀や

PART 3 口どけを楽しみたいデザート

グレープフルーツゼリー
Grape fruit jelly

製作／加賀和子

小さい子供達が大喜びしそうな、まるごとグレープフルーツのゼリー。"ふるふる"とやわらかめのゼリーに、たっぷりと果肉が入っています。

●材料
[グレープフルーツの皮の器1個分]
＊ゼリー溶液──（約150g）
板ゼラチン──12g
水──125g
グラニュー糖──25g
レモンの皮──1/4個
オレンジの皮──1/4個
レモン果汁──1/4個
＊その他
グレープフルーツ果汁──150g（約2個分）
グレープフルーツ果肉──1個

●ゼリー溶液を作る

1
板ゼラチンをたっぷりの水（分量外）で戻す。

2
鍋に、分量の水、グラニュー糖を入れ、レモンの皮、オレンジの皮をピーラーなどで削って入れる。

PART 3 口どけを楽しみたいデザート

3 火にかけ、沸騰したらひと混ぜしてグラニュー糖を完全に溶かす。

4 火から下ろし、水気を絞った板ゼラチンと、レモン果汁を加えてよく混ぜる。

5 板ゼラチンが溶けたら、漉してボウルに移す。氷水に当てて混ぜながら粗熱を取る。ゼリー溶液のでき上がり。

● 果汁とゼリー溶液を合わせて仕上げる

1 グレープフルーツの中身をくり抜く。皮にそって、ぐるりと一周ナイフで切れ込みを入れる。切れ込みにスプーンなどを入れ、果実を取り出す。

2 果汁としての分量を用意し、1個分は果肉を残しておく。

3 粗熱が取れたゼリー溶液に、グレープフルーツ果汁を加える。

4 氷水に当て、とろみが付くまで混ぜる。

5 グレープフルーツの皮の器に**4**と**2**の果肉を交互に入れる。

6 冷蔵庫で1時間ぐらい冷やし固める。

169

Part 4

本格的な
特別スウィーツ

チョコレートのお菓子・シュークリーム

ちょっとだけ贅沢な
気分を味わいたい日には、
こんな本格的なお菓子はいかが？
むずかしそう、と思っても大丈夫！
たっぷり愛情を加えたぶんだけ、
感動的なおいしさに仕上がるはずです。

チョコレートのお菓子

ランゴ・オ・ショコラ
Lingots au chocolat

制作／小嶋ルミ

その名の通り金塊のような輝きと重厚さを持ったチョコレートケーキ。室温に出しておくと、ご覧のようなつやを放ち、食欲をそそります。赤ワインとラム酒をたっぷり効かせ、思いのほか甘さ控えめで、口溶けもすばらしく良いのでぜひおすすめしたい一品です。

●材料 [8cm×18cm×6cmのパウンド型1本分]
＊底生地（24cm×13cmの天板1枚分）
全卵──60g
グラニュー糖──32g
薄力粉──10g
ココアパウダー──10g
牛乳──10g
＊ガナッシュ
クーベルチュールチョコレート
　（カカオ分50～55%）──280g
生クリーム（乳脂肪分45%）──350g
赤ワイン──33cc
ラム酒──22cc
〈仕上げ用〉
ココアパウダー──適宜

●オーブン温度・時間
190℃で6～7分

●下準備
・底生地用の型とパウンド型に製菓用ペーパーを敷く。
・クーベルチュールは細かく刻む。
・薄力粉とココアパウダーは合わせて2回ふるっておく。

●食べ頃
一晩たってよく固まったら良い。冷蔵庫で4～5日保存可。冷やしてもおいしい。

●底生地を作る

1 ルーローショコラ（p.27参照）の**1～4**を参照し、底生地を作る。オーブントースターなどの小さめの天板に製菓用ペーパーを敷き、生地を流す。190℃のオーブンで6～7分焼く。

2 冷めたらパウンド型を逆さにして生地にのせ、その内側におさまるようにカットする。

●ガナッシュを作り、仕上げる

1 クーベルチュールを湯せんで溶かす。このとき、温度が上がりすぎないように注意すること。

2 生クリームを沸騰直前まで温めて加え、ホイッパーで静かに混ぜる。

3 粗熱が取れたら、赤ワインとラム酒を加え、泡立てないように混ぜる。

4 **3**が25℃以下になったら型に流し込む。表面が少し固まったら上から底生地で蓋をして冷蔵庫で一晩冷やし固める。型から出して、上にココアパウダーをふって仕上げる。

PART 4　本格的な特別スウィーツ　チョコレートのお菓子

プディング・オ・ショコラノワール
Pudding au chocolat noir

製作／小嶋ルミ

ブラックチョコレートのプリンなんて、あまり聞き慣れない言葉なのでは？
蒸し焼きにするのでプリンなのですが、その食感と口当たりは、まるでチョコレートの羊羹のよう。
どこを食べてもぱさつきがなく、しっとりと濃厚なチョコレートの風味が、とろけ出します。

●材料
[直径7.5cm、高さ4cmのプリンカップ5個分]

＊プディング・オ・ショコラノワール
全卵――120g
グラニュー糖――65g
薄力粉――45g
ココアパウダー――12g
クーベルチュールチョコレート
　（カカオ分70～75％）――75g
無塩バター――75g

＊チョコレートソース
生クリーム――75g
無塩バター――43g
きび砂糖（なければグラニュー糖）
　――12g
クーベルチュールチョコレート
　（カカオ分50～65％）――43g

●オーブン温度・時間
160℃で20～25分

●下準備
・プリン型、またはココットの内側にたっぷりとバター（分量外）を塗る。
・クーベルチュールはそれぞれ細かく刻む。
・薄力粉とココアパウダーは合わせてふるう。
・湯せん焼きのためのお湯を沸かす。

●食べ頃
冷めてからならば当日でも食べられるが、2、3日おいてからの方が、味が熟成されておいしい。型に入れたまま、冷蔵庫で3～4日保存可。常温に出しておいて、柔らかくなった頃が食べ頃。

● プディング・オ・ショコラノワールを作る

1
ボウルにクーベルチュールとバターを入れ、湯せんで溶かし、人肌以下の温度に冷ましておく。

2
全卵にグラニュー糖を加えて湯せんし、40℃に温める。湯せんからはずし、3〜4分ハンドミキサーの高速で、リボン状になるまで泡立てる。その後、1分程低速で回し、きめを整える。

3
2に薄力粉とココアパウダーを加えゴムべらで混ぜる。ここでは気泡をつぶさないように。混ぜすぎに注意。

4
1を30℃くらいにし、**3**に加え丁寧に混ぜる。

5
型の八分目ほどにつぎ分け、アルミホイルで隙間なく覆う。

6
天板に型を置き、熱湯を型の1/3〜半分の高さまで注ぐ。天板が浅いときは、大きな焼き型などを利用するとよい。160℃のオーブンで20〜25分湯せん焼きする。
＊容器の大きさや質により、焼き時間は異なります。

7
生地がアルミホイルのところまで盛りあがり、竹串を刺しても何も付いてこなければ、すぐにオーブンから出す。
押してみると、表面は焼けているが中はまだ柔らかい状態。焼きすぎに注意。
そのまま冷ます。冷めたら型の内側に沿って包丁の刃を入れ、型から出す。
完全に冷えていたら、型ごと熱湯につけると取り出しやすい。

point
6のオーブンで湯せん焼きするとき、お鍋でもOK。同じようにお湯を入れ、蓋をして弱火で20〜25分火にかけて下さい。食感がちょっと違いますが、オーブンがなくても作れるので手軽です。

● チョコレートソースを作る

1
生クリームとバター、きび砂糖を小さな鍋に入れ、混ぜながら温める。

2
沸騰直前で火を止め、刻んだクーベルチュールに加え、静かに混ぜ溶かす。

3
氷水に当て、とろりとなるまで冷ます。好みで、プディング・オ・ショコラノワールの上にホイップクリームを盛り付け、チョコレートソースをかけて仕上げる。

PART 4 本格的な特別スウィーツ チョコレートのお菓子

タンバル・オ・ショコラ
Timbales au chocolat

製作／小嶋ルミ

カップの中のビスキュイ生地をスプーンですくうと、
下からとろ〜りと熱々のソースが顔を出します。
一つの生地が、なんと焼き上がったときには二層に！
焼き上がりの温度差を利用した、ユニークな温かいデザート。

PART 4 本格的な特別スウィーツ

チョコレートのお菓子

● 材料
[150ccのカップ6〜7個分]

クーベルチュールチョコレート
（カカオ分50〜55%）——25g
牛乳——200g
無塩バター——33g
きび砂糖
（なければグラニュー糖）——50g
卵黄——25g
薄力粉——25g
ベーキングパウダー
——0.5g（小さじ1/6）
ココアパウダー——9g
卵白——50g
＊仕上げ用
粉糖——適宜

● オーブン温度・時間
180℃で15〜20分

● 下準備
・カップやココットなどの型の内側にバター（分量外）を塗る。
・クーベルチュールは細かく刻む。
・薄力粉、ベーキングパウダー、ココアパウダーは合わせてふるう。
・卵白はまわりがシャリッとするぐらい冷凍庫でよく冷やす（約15分）。
・バターを室温に戻しておく。
・湯せん焼きのためのお湯を沸かす。

● 食べ頃
オーブンから出して温かいうちに召し上がれ。時間がたつと、中まで火が入って固まってしまいます。

1 沸かした牛乳にクーベルチュールを加え溶かす。

2 柔らかくしたバターにきび砂糖を加え、白っぽくなるまですり混ぜる。

3 2に卵黄を加え、すり混ぜ、続いて粉類を一度に加え混ぜる。

4 3に1を加え、なめらかな液体状の生地になるまで混ぜる。

5 冷やした卵白をよく泡立て、固いメレンゲを作る。

6 4に5を加え、メレンゲが全体に行きわたるまで混ぜる。

7 ココットにつぎ分ける。天板に熱湯を1cmほど注ぎ、180℃のオーブンで約15〜20分湯せん焼きする。
＊容器の大きさや質により、焼き時間は異なります。
上部が焼けてビスキュイ生地の状態になったらオーブンから出してみる。
竹串を刺してみて、下は火が通りきらないで、付いてくる状態。上部の中心が盛り上がり、割れてきたら焼き過ぎなので注意。
上部はチョコレートのビスキュイ生地の層、下はチョコレートクリームの層になっていれば成功。粉糖をかけて仕上げる。

177

ハートのムースショコラ
Cœur de mousse au chocolat

製作／小嶋ルミ

口の中ですっと溶けてしまう、なめらかな舌触りに感動！
甘すぎず、ほろ苦さも残しつつ
まったりとしたチョコレートの味が堪能できます。

PART 4 本格的な特別スウィーツ

チョコレートのお菓子

●材料
[18cm（高さ3cm）のハートセルクル1台分]
※なければ直径15cmのスポンジ型でも可

- クーベルチュールチョコレート（カカオ分60〜65％）——80g
- 無塩バター——110g
- ココアパウダー——40g
- 卵黄——80g
- グラニュー糖——80g
- 生クリーム——200g
- ＊仕上げ用
- ココアパウダー——適宜
- コポー用チョコレート——適宜

●下準備
- バットに製菓用ペーパーを敷いてセルクルを置く。スポンジ型を使う場合は、型の底と側面に敷いておく。
- クーベルチュールは細かく刻む。
- ココアパウダーはふるう。
- バターを6mmくらいにスライスし、室温に戻す。

●食べ頃
冷蔵庫で冷やし、固まればよい。冷蔵庫で4〜5日保存可。長く室温におくと、溶けてくるので注意。

1 クーベルチュールを湯せんにかけ溶かす。火を止め、保温しておく。

2 柔らかくしたバターをホイッパーですり混ぜる。ココアパウダーを加え、泡立てるようによく混ぜる。

3 生クリームは氷を当て七分立てに泡立てる。そのまま冷やしておく。

4 卵黄にグラニュー糖を加え、ハンドミキサーで白っぽくなるまで泡立てる。

5 1が38〜40℃のうちに4に加え、ホイッパーで混ぜる。

6 続いて2を加え混ぜる。

7 最後に3を加えて生地がなじむまでよく混ぜる。だんだんチョコレートが固まり、しまった感じになってくる。

8 準備した型に入れ、パレットナイフで表面を平らにする。スポンジ型の場合は、カードを使って平らにならす。

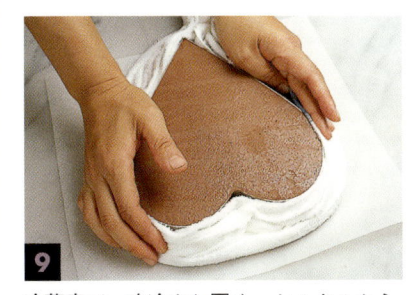

9 冷蔵庫で一晩冷やし固め、セルクルからはずす。セルクルのまわりに熱いタオルを巻くとはずしやすい。

10 仕上げ用のココアパウダーを、茶漉しで表面にふりかける。削ったプチコポー（p.235参照）を飾る。

ゴルゴンゾーラショコラ
Gorgonzola & Chocolate cheese cake

製作／六名泰子

ゴルゴンゾーラチーズがピリッと
スパイシーに効いた、チョコレートのチーズケーキ。
そのままでは食べにくいブルーチーズでも、あま〜い
チョコレートと絶妙にマッチして、新しい味を発見！
アングレーズソースをたっぷりと添えて、
おもてなしにも。口に入れたときにバランス良く広がる
チーズの香りを、ぜひお試し下さい。

●材料
[25cm×23cmの天板1枚、または6号ケーキ型1台分]

無塩バター——110g
クーベルチュールチョコレート
　（カカオ分55％くらい）——110g
全卵——1/2個（L玉）
卵黄　2個（L玉）
グラニュー糖A——30g
薄力粉——8g
卵白——110g
グラニュー糖B——60g
ゴルゴンゾーラチーズ——120g
＊アングレーズソース
牛乳——160cc
バニラビーンズ——少々
グラニュー糖——38g
卵黄——2個（L玉）

●オーブン温度・時間
165℃で約25分

●下準備
・クーベルチュールは細かく刻んでおく。
・薄力粉はふるっておく。
・ゴルゴンゾーラチーズを1cm角に切り、冷蔵庫で冷やしておく。

●ゴルゴンゾーラショコラを作る

1　ボウルに、バター、クーベルチュールを入れて湯せんにかけ、約40℃に溶かす（写真a）。
2　別のボウルに、全卵、卵黄を入れてホイッパーで溶きほぐし、グラニュー糖Aを加えてすり混ぜる。
3　2に1を加えて混ぜ、ふるった薄力粉を加える。
4　別のボウルに卵白とグラニュー糖Bの少量を加え、ハンドミキサーの低速で溶きほぐす。高速にかえて、グラニュー糖Bを少しずつ加えながら、つやがあり、ピンと角が立つ状態になるまで泡立て、メレンゲを作る。
5　3に4のメレンゲの半量を加え、ホイッパーで混ぜる（写真b）。
6　残りのメレンゲを加え、ゴムべらにかえてゆっくりと混ぜる（写真c）。
7　オーブンシートを敷いた天板に6を流して平らにし、1cm角に切ったゴルゴンゾーラチーズを均等にちらす（写真d）。165℃のオーブンで約25分焼き、オーブンから出して粗熱が取れるまで冷ます。

●アングレーズソースを作る

1　鍋に、牛乳、バニラビーンズ、グラニュー糖の1/2量を入れて火にかけ、沸騰させる。
2　ボウルに卵黄を入れ、残りのグラニュー糖を加え、白っぽくなるまでホイッパーでよくすり混ぜる。
3　2に1を少しずつ加えながら混ぜる。鍋に戻し、火にかける。弱火でゆっくりと混ぜながら、とろみが付くまで火を通す（約80℃まで）。
4　指で木べら（またはシリコン製のゴムべら）をなぞり、スーッと筋が付くくらいとろみが付いたら、火から下ろして手早く漉し、氷水に当てて冷ます（写真e）。

point
"ブルーチーズのピリッとした刺激と、クセのある味が好き"という方は、ゴルゴンゾーラチーズよりも、もっと個性的な味のロックフォールを使ってみても。
その他にもお好みのブルーチーズで試してみることもおすすめです。

PART 4　本格的な特別スウィーツ　チョコレートのお菓子

オリジナル生チョコ
Pavés au chocolat

製作／小嶋ルミ

水飴が入るので、時間がたっても固くならず、その口溶けは極上。
品質の良いミルクチョコレートでぜひお作り下さい。

●材料
[11cm×14cmの流し缶1台分]
クーベルチュールチョコレート
　（ミルクタイプ）──135g
　（カカオ分60〜65%）──25g
生クリーム（乳脂肪分35%）──80g
水飴──8g
無塩バター──8g
＊仕上げ用
ココアパウダー──適宜

●下準備
・流し缶の内側に製菓用ペーパーを敷いておく。
・流し缶がない場合はアルミのバットなどの内側に製菓用ペーパーを敷いておく。
・クーベルチュールはできるだけ細かく刻む。
・バターは細かく刻む。

●食べ頃
カットし、ココアをかけ仕上げたものは2、3日以内に食べるのが最もおいしい。室温の高い所では柔らかくなってしまうので、10〜15℃で保つのがよい。カットしないものはラップで包み冷蔵庫で1週間保存可。

1 小鍋に生クリームと水飴を入れ、火にかける。沸騰したら火からはずし、ボウルに入れたクーベルチュールに回しかけ、バターを加える。ゴムべらで全体を軽く混ぜたらそのまま蓋をし、30秒程おいておく。余熱でクーベルチュールを溶かすのがポイント。

2 ホイッパーで泡が立たないように静かに混ぜる。ねっとりとつやが出ればよい。

3 型に流す。大きな泡があれば竹串でつぶしておく。冷蔵庫で一晩冷やし固める。

4 流し缶から出し紙をはずす。熱湯で温めたペティナイフで、好みの大きさにカットする。カットするサイズに軽く線を引いておくと、作業しやすい。

5 まわりにココアパウダーをまぶす。さらに上から茶漉しで薄くふりかけて仕上げる。
＊丸くする場合は、くり抜き器でくり抜き、手のひらで丸く整え、ココアパウダーの中で転がしてまわりにまぶし付ける。

プラムの生チョコ
Truffes aux amandes et prunes
アプリコットの生チョコ
Truffes aux abrico et coco

製作／小嶋ルミ

甘酸っぱいフルーツとチョコの組み合わせは、とても食べやすくおいしいもの。
まわりにナッツをからめて手軽に作れますが、お酒も効いておいしさは一級品。

●プラムの生チョコの材料
[10cm×13cmの容器1台分]
クーベルチュールチョコレート
（ミルクタイプ）——144g
無塩バター——24g
生クリーム——78g
コニャック——14cc
ドライプラム——84g
スライスアーモンド——30g

●アプリコットの生チョコの材料
[10cm×13cmの容器1台分]
クーベルチュールチョコレート
（ホワイトタイプ）——144g
無塩バター——24g
生クリーム——54g
キルシュ——12cc
ドライアプリコット——54g
ココナッツファイン——30g

●下準備
・容器の内側に製菓用ペーパーを敷いておく。
・クーベルチュールは刻んで湯せんにかけて溶かす。
・スライスアーモンドは150℃のオーブンで7〜10分、きつね色になるまでローストしておく。

●食べ頃
ナッツを付けて仕上げたら、アーモンドの場合当日が、ココナッツの場合2、3日がおいしい。容器に入れたままの生チョコは冷蔵庫で1週間保存可。

point
4で最後に型に残った生チョコは、ゴムべらなどで取り、手で丸く形を整え同様に仕上げる。

●プラムの生チョコ

1 ドライプラムはお湯に10〜12分漬けて柔らかくし、水気をふき取り、1cmくらいに刻む。

2 生クリームは沸騰直前で火を止め、バターを加える。湯せんで溶かしたクーベルチュールに加え、混ぜ合わせる。

3 コニャックとプラムを加え混ぜ、容器に入れ、冷蔵庫で一晩冷やし固める。

4 熱湯につけ、熱くしたくり抜き器で丸くくり抜き、手のひらで形を整える。まわりにスライスアーモンドを手でまぶし付ける。

●アプリコットの生チョコ

1 ドライアプリコットはお湯に5〜6分つけて柔らかくし、水気をふき取り、7〜8mmに刻む。

2 生クリームは沸騰直前で火を止め、バターを加える。湯せんで溶かしたクーベルチュールに加え、混ぜ合わせる。

3 これにキルシュとアプリコットを加え混ぜ、容器に入れ、冷蔵庫で一晩冷やし固める。

4 熱湯につけ、熱くしたくり抜き器で丸くくり抜き、手のひらで形を整える。ココナッツファインを広げたところに、チョコレートを転がしながらまわりに付ける。

PART 4 本格的な特別スウィーツ　チョコレートのお菓子

シュークリーム

カスタードシュークリーム
Choux à le crème

制作／葛西麗子　作り方／p.186〜189

ふわふわの皮に、卵の味を"ぎゅっ"と
とじこめたカスタードクリーム。シュークリームと
言えば、まず、このカスタードシューを
思い浮かべるに違いありません。
粉糖をささっとふりかけて召し上がれ。
とろ〜りとろけるクリームは、きっとあなたを
幸せな気持ちにさせてくれることでしょう。

PART 4　本格的な特別スウィーツ　シュークリーム

基本のシュー皮を作りましょう

ここでは基本のシュー皮の作り方を細かくプロセスします。"かためのシュー皮"や"やわらかいシュー皮"（p.190～191参照）を作る場合の工程も、基本のシュー皮とほとんど同じです。大きな違いは、加える卵の量！ 卵を少しずつ加えていき、生地の状態を調節することによって、焼き上がりのシュー皮の表情に変化が出てきます。基本にちょっとしたアレンジを加えるだけなので、Choux Variationとしてアドバイスを添えました。そちらもどうぞご参考に。

●材料 [10～12個分]
＊シュー生地
水──100cc
無塩バター──50g
グラニュー糖──小さじ1
塩──小さじ1/4
薄力粉──60g
全卵A──2個（L玉）
全卵B──1/2個（S玉）

●オーブン温度・時間
180℃で約30分

●下準備
・薄力粉はふるっておく。
・型紙を使用する場合は、あらかじめオーブンペーパーの裏に形を写しておく。

1 小鍋に水、バター、グラニュー糖、塩を入れて火にかけ、沸騰させる。

Choux Variation
p.191の"やわらかいシュー皮"を作る場合のみ、バターのかわりにサラダ油を使います。

2 弱火にして、薄力粉を一度にふり入れる。

Choux Variation
p.190の"かためのシュー皮"を作る場合のみ、薄力粉の分量の半量を、強力粉に置き換えます。

3 手早く木べらで混ぜる。
＊30秒くらい混ぜて、よく煮ることがコツ。煮かたが足りないと、次に加える卵がうまく生地に入っていかなくなります。

4 生地に透明感が出て、鍋底に薄く膜がはればよい。焦がさないように注意して。この状態まで煮たら、火からはずす。

5 ボウルに全卵Aを入れて溶きほぐし、1/3量を4に加える。鍋底をこするように木べらで混ぜる。
＊木べらで混ぜることがポイント。ホイッパーなどを使って混ぜすぎてしまうと、卵のコシがなくなり、きれいなつやのものができません。

6 残りの卵の1/2量を加えて混ぜる。さらに残りの卵を加え、同様にして混ぜる。
＊卵は3回に分けて加え混ぜます。

PART 4 本格的な特別スウィーツ　シュークリーム

7
卵2個分が入ったシュー生地。
＊ここからは、全卵Bを少しずつ加え、生地のかたさを調節していきます。

Choux Variation
"かためのシュー皮"を作る場合、卵2個分を加えたこの状態の生地でOK!

（かための シュー生地 の状態）

8
全卵Bを1個溶きほぐす。箸を使い、大さじ1杯ぐらいの量を少しずつ7に加えながら混ぜる。
＊ここで加える卵の量は、1/2個分であったり、1/3個分であったりとさまざま。粉の煮え具合などによって生地の状態も違うので、少しずつ加えて調節する。

9
基本のシュー生地のでき上がり。この状態で焼くと"基本のシュー皮"ができます。

（基本の シュー生地 の状態）

10
Choux Variation
p.191の"やわらかいシュー皮"を作る場合、さらに少しずつ卵を加え、これくらいの状態にする。

（やわらかい シュー生地 の状態）

直径1～1.2cmの丸口金をつけた絞り袋に、でき上がった生地を詰める。オーブンペーパーを敷いた天板に、均一になるよう、直径3cmくらいで絞り出す。

実物大型紙

＊型紙の使い方
天板の大きさに合ったオーブンペーパーを裏返しにのせ、えんぴつで作る個数分だけ（2～3cm間隔をあけて）写します。ペーパーを表に返し、その上に生地を絞りましょう。

11
上面の焼き色が均一になるように、指に水を付け、軽く形を整える。

Choux Variation
p.190の"かためのシュー皮"を作る場合、ダイスアーモンドを上面にのせて焼きます。

12
表面に霧吹きで水をかけ、180℃のオーブンで約30分焼く。
＊オーブンに入れてからの20分間は、"絶対に開けないこと"！せっかく膨らんだシュー皮がしぼんでしまいます。

13
シュー皮のでき上がり。ケーキクーラーに乗せて冷ます。

カスタードクリームを作りましょう

●材料 [10〜12個分]
＊カスタードクリーム
卵黄──4個（L玉）
グラニュー糖──80g
薄力粉──60g
牛乳──400cc
生クリーム──100cc
バニラビーンズ──1/2本
無塩バター──大さじ1
コアントロー──大さじ1

●下準備
・薄力粉はふるっておく。
・バニラビーンズは縦に切り込みを入れておく。

1 ボウルに卵黄を入れて溶きほぐす。グラニュー糖の半量を加え、ホイッパーで白っぽくなるまですり混ぜる。

2 薄力粉を一度にふり入れてよく混ぜる。

3 鍋に牛乳と生クリーム、バニラビーンズとグラニュー糖の残りを加えて火にかける。まわりが"クツクツ"するくらいに沸騰させる。

4 2に3を一度に加え、ホイッパーでよく混ぜる。

5 漉して鍋に戻し、漉し器に残ったバニラビーンズの種をしごき出して加える。

PART 4 本格的な特別スウィーツ シュークリーム

6 中火にかける。木べらを使い、鍋底を外側から中心に向かって円を描くように混ぜながら煮る。
＊とろみが付いてくるので、手早く混ぜて!!

7 煮上がった状態。火から下ろし、バターを加え、バターが溶けるまで混ぜる。

8 バターが溶けるまで混ぜたら、コアントローを加えて混ぜる。

9 ボウルに移す。ときどき混ぜながら、粗熱が取れるまで冷ます。カスタードクリームのでき上がり。
＊ときどき混ぜながら冷ますことがコツ。空気がより含まれて"口当たりも軽く、やわらかい"クリームに仕上がります。

●シュー皮にクリームを詰める

1 焼き上がって冷ましたシュー皮を、上側の1/3のところでカットする。

2 直径1.2〜1.5cmの星口金をつけた絞り袋に、冷ましたカスタードクリームを詰め、シュー皮の中に絞り出す。シュークリームのでき上がり。

シュー皮のバリエーション

制作／葛西麗子

バリバリッと、かためのシュー皮

アーモンドを表面にかけて焼いた、
ちょっとかためのシュー皮です。生地を調節する
卵は、"2個だけ"。基本のシュー皮の粉は薄力粉のみを使用しますが、
かために仕上げる場合は、薄力粉の半量を強力粉に置き換えて生地を作ります。
食べごたえがあるので、小さめに焼いたほうがよいかも。

●材料[10〜12個分]
＊シュー生地
水——100cc
無塩バター——50g
グラニュー糖——小さじ1
塩——小さじ1/4
薄力粉——30g
強力粉——30g
全卵——2個(L玉)
ダイスアーモンド——10g

●オーブン温度・時間
180℃で約30分

●下準備
・薄力粉と強力粉は合わせてふるっておく。

＊手順は基本のシュー皮と同じです。ポイントなどはp.186〜187を参照して下さい。

1　小鍋に水、バター、グラニュー糖、塩を入れて火にかけ、沸騰させる。
2　弱火にして、ふるった粉類を一度にふり入れる。手早く木べらで混ぜる。
3　生地に透明感が出て、鍋底に薄く膜がはるまで煮たら、火からはずす。
4　ボウルに全卵を2個入れて溶きほぐし、1/3量を3に加える。鍋底をこするように木べらで混ぜる。
5　残りの卵の1/2量を加えて混ぜる。残りの卵を加え、同様にして混ぜる。
＊卵は3回に分けて加え混ぜます。
6　卵2個分が入った、かためのシュー生地のでき上がり(写真a)。直径1〜1.2cmの丸口金をつけた絞り袋に、でき上がった生地を詰める。天板に均一になるよう、直径2cmくらいで絞り出す。
7　上面の焼き色が均一になるように、指に水を付け軽く形を整え、ダイスアーモンドを散らす。表面に霧吹きで水をかけ、180℃のオーブンで約30分焼く。

ふんわり、ふっくら やわらかいシュー皮

ふんわりやわらかい、昔ながらのシュー皮。
こちらは基本のシュー皮と同じく、"卵を2個加えた後に、さらに少しずつ卵を加えて生地を調節"します。基本のシュー皮はバターを使用しますが、よりやわらかい生地にするため、バターをサラダ油に置き換えて作ります。

●材料[10〜12個分]
＊シュー生地
- 水————100cc
- サラダ油————50g
- グラニュー糖————小さじ1
- 塩————小さじ1/4
- 薄力粉————60g
- 全卵A————2個(L玉)
- 全卵B————1個(S玉)

●オーブン温度・時間
180℃で約30分

●下準備
・薄力粉はふるっておく。

＊手順は基本のシュー皮と同じです。ポイントなどはp.186〜187を参照して下さい。

1 小鍋に水、サラダ油、グラニュー糖、塩を入れて火にかけ、沸騰させる(写真a)。

2 弱火にして、薄力粉を一度にふり入れる。手早く木べらで混ぜる。

3 生地に透明感が出て、鍋底に薄く膜がはるまで煮たら、火からはずす(写真b)。

4 ボウルに全卵Aを入れて溶きほぐし、1/3量を3に加える。鍋底をこするように木べらで混ぜる。

5 残りの卵の1/2量を加えて混ぜる。残りの卵を加え、同様にして混ぜる。
＊卵は3回に分けて加え混ぜる。

6 全卵Bを溶きほぐす。箸を使い、大さじ1杯ぐらいの量を少しずつ5に加えながら混ぜる。

7 やわらかいシュー生地のでき上がり(写真c)。直径1〜1.2cmの丸口金をつけた絞り袋に、でき上がった生地を詰める。天板に均一になるよう、直径3cmくらいで絞り出す。

8 上面の焼き色が均一になるように、指に水を付け軽く形を整える。表面に霧吹きで水をかけ、180℃のオーブンで約30分焼く。

PART 4 本格的な特別スウィーツ シュークリーム

クリームバリエーション
Cream variation

製作／葛西麗子

カスタードクリームをベースにして

p.188のカスタードクリームに、抹茶、チョコレートなどを加えてアレンジしたクリーム。ベースが同じとは思えないほど、それぞれに個性豊かな味があります。お好みのクリームを、いくつか重ねてシュー皮に詰め、"欲張りシュークリーム"にして楽しんでも。

抹茶クリーム
Powdered tea cleam

甘さと渋さがほどよくマッチした抹茶のクリーム。

●材料[10～12個分]
卵黄――4個(L玉)
グラニュー糖――80g
薄力粉――60g
牛乳――400cc
生クリーム――100cc
バニラビーンズ 1/2本
無塩バター――大さじ1
コアントロー――大さじ1
抹茶(粉末)――大さじ1

1 p.188を参照してカスタードクリームを作る。
2 粉末の抹茶をお湯(大さじ1・分量外)で溶き、1に加えて混ぜ合わせる。

チョコレートクリーム
Chocolate cream

カスタード＋チョコを詰めてダブルクリームにするのもおすすめ。

●材料[10～12個分]
卵黄――4個(L玉)
グラニュー糖――80g
薄力粉――60g
牛乳――400cc
生クリーム――100cc
バニラビーンズ――1/2本
無塩バター――大さじ1
コアントロー――大さじ1
チョコレート――60g

1 p.188を参照してカスタードクリームを作る。
2 チョコレートを湯せんにかけて溶かし、1に加えて混ぜ合わせる。

ホイップクリームをベースにして

八分立てに泡立てたホイップクリームに、フランボワーズやヨーグルトを加えてアレンジしたクリーム。ホイップクリームのままでいただく場合は、完全に泡立てます。

ホイップクリーム

●材料[10〜12個分]
生クリーム——200cc
粉糖——大さじ2
コアントロー——大さじ1

1 生クリームに粉糖を加え、ホイッパーで泡立ててホイップクリームを作る(写真a)。
2 泡立ってからコアントローを加え、軽く混ぜ合わせる。

ヨーグルトクリーム
Yoguｌt cream

プレーンヨーグルトが苦手な方は、ちょっとお砂糖を加えて甘味を付けても。

●材料[10〜12個分]
生クリーム——200cc
粉糖——大さじ2
コアントロー——大さじ1
ヨーグルト——50g

1 生クリームを泡立て、ホイップクリームを作る。
2 ヨーグルトを加えて混ぜる。

フランボワーズクリーム
Framboise cream

ほんのりピンクがかった、少し甘酸っぱいクリームです。

●材料[10〜12個分]
生クリーム——200cc
粉糖——大さじ2
コアントロー——大さじ1
フランボワーズ——50g

1 生クリームを泡立て、ホイップクリームを作る。
2 フランボワーズを裏漉ししてピューレにし、1に加えて混ぜる。

PART 4 本格的な特別スウィーツ シュークリーム

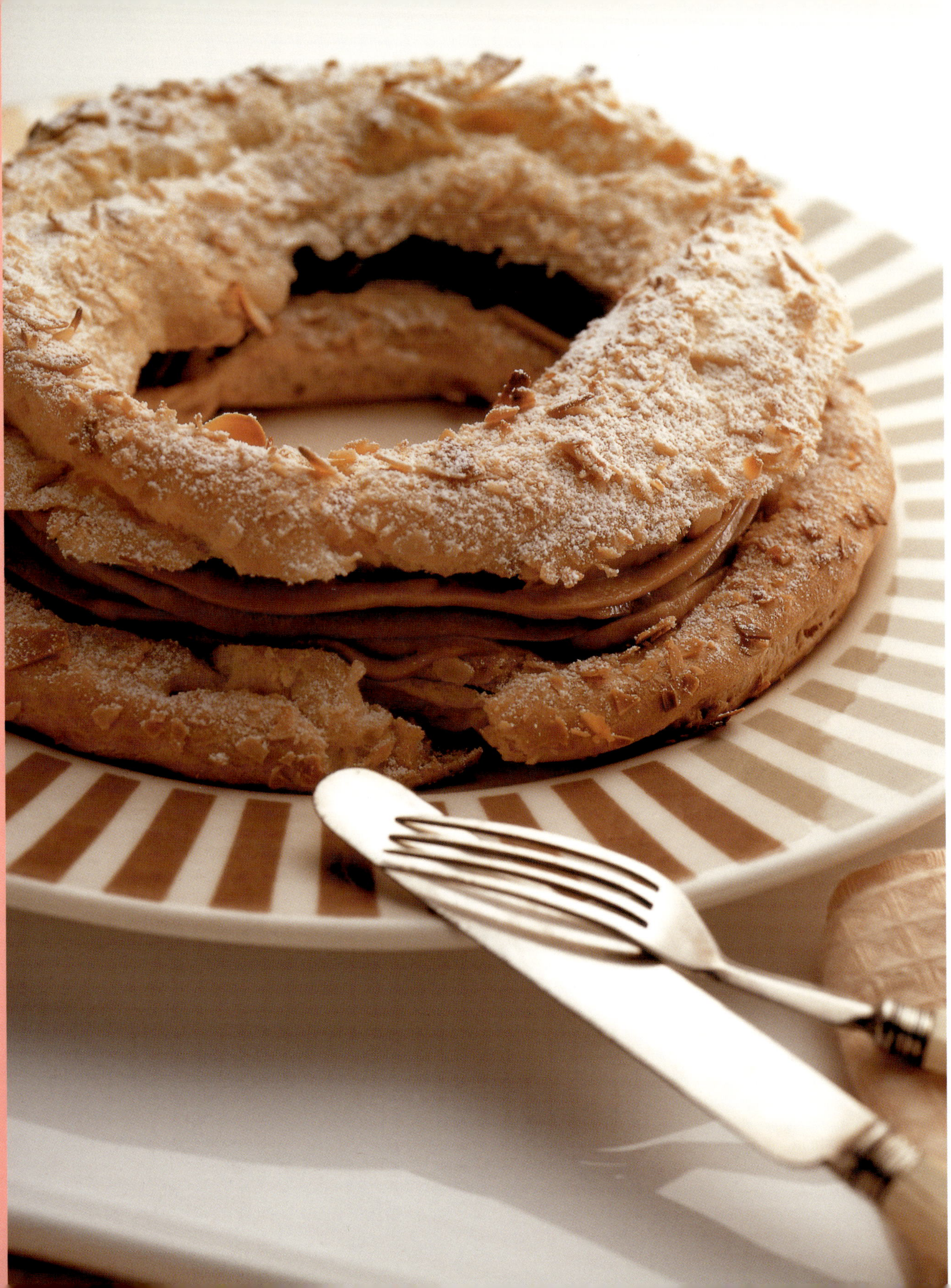

パリブレスト
Paris - brest
製作／葛西麗子

"パリ"と、フランスの港町"ブレスト"を結ぶ自転車レースを記念して作られたという、パリブレスト。大きなリング状に絞って焼きます。アーモンドの香ばしさとともに召し上がれ。

●材料［直径18cm1個分］
＊シュー生地
水——100cc
無塩バター——50g
グラニュー糖——小さじ1
塩——小さじ1/4
薄力粉——60g
全卵——2個（L玉）
ダイスアーモンド——15g
＊プラリネクリーム
卵黄——4個（L玉）
グラニュー糖——80g
薄力粉——60g
牛乳——400cc
生クリーム——100cc
バニラビーンズ——1/2本
無塩バター——大さじ1
コアントロー——大さじ1
プラリネペースト——大さじ2
※なければピーナツバター（無糖）でもよい。
＊仕上げ用
粉糖——適宜

●オーブン温度・時間
180℃で約30分

●下準備
・薄力粉はふるっておく。
・型紙を使用する場合は、あらかじめオーブンペーパーの裏に形を写しておく。

●"かためのシュー皮"を作る
1 p.186を参照して、基本のシュー生地と同じ手順で、"かためのシュー生地"を作る。
2 直径1〜1.2cmの丸口金をつけた絞り袋にシュー生地を詰める。型紙にそって、オーブンペーパーの上に絞る。1段めは、直径18cmの円に絞り出し、円の内側にさらに2本絞る（写真a）。
3 2段めは、1段めの円の溝に沿って、2本絞る（写真b）。
4 3段めも円の溝に沿って1本絞り、指に水を付け、軽く形を整える。ダイスアーモンドをのせ（写真c）、180℃のオーブンで約30分焼く。

●クリームを作り、仕上げる
1 p.188を参照してカスタードクリームを作る。
2 プラリネペーストを加え、なめらかになるまで混ぜる。プラリネクリームのでき上がり。
3 プラリネクリームを直径1.2〜1.5cmの星口金を付けた絞り袋に詰める。
4 焼き上がったシュー皮を半分にカットし、1のクリームを絞り出す。粉糖をかけて仕上げる。

型紙（250％拡大）

＊型紙の使い方
型紙を250％に拡大してコピーをします。その上に、天板の大きさに合ったオーブンペーパーを裏返しにのせ、えんぴつで写します。ペーパーを表に返し、その上に生地を絞りましょう。

PART 4 本格的な特別スウィーツ シュークリーム

エクレア
Éclair

製作／葛西麗子

アイシングをたっぷりとかけたエクレア。
定番でもあるチョコとコーヒーは、ぜひ覚えて
おきたいお菓子です。
ちょっぴり濃いめのアイシングで大人の味に。

PART 4 本格的な特別スウィーツ

シュークリーム

●材料［約12個分］

＊シュー生地
- 水──100cc
- 無塩バター──50g
- グラニュー糖──小さじ1
- 塩──小さじ1/4
- 薄力粉──60g
- 全卵──2個（L玉）

＊コーヒークリーム
- 卵黄──2個（L玉）
- グラニュー糖──40g
- 薄力粉──30g
- 牛乳──200cc
- 生クリーム──50cc
- バニラビーンズ──1/4本
- 無塩バター──大さじ1/2
- コアントロー──大さじ1/2
- インスタントコーヒー──大さじ1

＊チョコクリーム
- 卵黄──2個（L玉）
- グラニュー糖──40g
- 薄力粉──30g
- 牛乳──200cc
- 生クリーム──50cc
- バニラビーンズ──1/4本
- 無塩バター──大さじ1/2
- コアントロー──大さじ1/2
- チョコレート──30g

＊コーヒーアイシング
- 粉糖──100g
- 水──大さじ1.5～2
- インスタントコーヒー──大さじ1

＊チョコアイシング
- 粉糖──100g
- 水──大さじ1.5～2
- ココア──大さじ1

あんずジャム──適宜

実物大型紙

＊型紙の使い方
天板の大きさに合ったオーブンペーパーを裏返しにのせ、えんぴつで写します。ペーパーを表に返し、その上に生地を絞りましょう。

●オーブン温度・時間
180℃で約30分

●下準備
・薄力粉はふるっておく。
・型紙を使用する場合は、あらかじめオーブンペーパーの裏に形を写しておく。

● "かためのシュー皮" を作る

1　p.186を参照して、基本のシュー生地と同じ手順で、"かためのシュー生地" を作る。
2　直径2cmの丸口金を付けた絞り袋にシュー生地を詰め、型紙に沿って、オーブンペーパーの上に約12本絞る（写真a）。
3　指に水を付け、軽く形を整える。180℃のオーブンで約30分焼く。

●クリームとアイシング作り、仕上げる

1　p.188を参照してカスタードクリームを作る。
2　インスタントコーヒーをお湯（大さじ1・分量外）で溶き、1に加えて混ぜる。コーヒークリームのでき上がり。
3　p.192を参照して、チョコクリームを作る。
4　直径1cmの丸口金を付けた絞り袋にクリームを詰める。竹串などで両端に穴をあけてシュー皮に口金をさし込み、クリームを絞り出す（写真b）。
＊片方からだとうまく中に詰めることができないので、必ず両端から詰めましょう。
5　軽く沸騰させたあんずジャムを、刷毛で上面に塗る（写真c）。    
6　小さなボウルに粉糖と水を入れてホイッパーで混ぜ、お湯（分量外・大さじ1/2）で溶かしたインスタントコーヒーを加え混ぜ、コーヒーアイシングを作る。チョコアイシングも同様にして作り（溶かすお湯は大さじ1）、クリームを詰めた4の上面をつけて（写真d）、表に返す。
＊アイシングが柔らかすぎる場合はさらに粉糖を、固すぎる場合は水を少量加えて調節します。

シューミルフィーユ
Choux mille feuille

製作／葛西麗子

やわらか〜いシュー生地で作った、こんなミルフィーユはいかが？
平らに焼いたシュー皮でクリームをサンドして、幾層にも重ねました。

PART 4 本格的な特別スウィーツ

シュークリーム

●材料[直径18cm1個分]
＊シュー生地
水——100cc
無塩バター——50g
グラニュー糖——小さじ1
塩——小さじ1/4
薄力粉——60g
全卵——4個（L玉）
＊ホイップクリーム
生クリーム——300cc
粉糖——大さじ3
コアントロー——1と1/2
あんずジャム——50g
＊仕上げ用
粉糖——適宜

●オーブン温度・時間
180℃で約20分

●下準備
・薄力粉はふるっておく。
・オーブンペーパーを天板に合わせて4枚カットしておく。

●"やわらかいシュー皮"を作る
1 p.186を参照して、基本のシュー生地と同じ手順で生地を作る。卵を4個使い、何回かに分けて加え、これくらいのやわらかさの生地を作る（写真a）。
2 オーブンペーパーの上に、パレットナイフなどを使って生地を広げる（写真b）。同様にして4枚用意する。
3 180℃のオーブンで約20分焼く。シュー皮は、焼き上がったらすぐにペーパーからはがしておく。

●クリームを作り、仕上げる
1 生クリームに粉糖を入れ、ホイッパーで泡立ててホイップクリームを作る。泡立ってからコアントローを加え、軽く混ぜ合わせる。
2 焼き上がったシュー皮（計4枚）を半分にカットする（写真c）。
3 あんずジャムを火にかけて軽く沸騰させ、刷毛でシュー皮に塗る。ホイップクリームを塗り、シュー皮を重ね、これを繰り返していく（写真d）。好みで、表面に粉糖をふって仕上げる。

サントノレ
Saint - honoré

製作／葛西麗子

カラメルの"カリカリ"とシュー皮が見事にマッチした、お菓子屋さんの守護神「サント・ノーレ」の名前を持つ、代表的なパリのお菓子です。
カラメルが冷めたら、まわりのシューごと"バリッ"とつぶし、中心のクリームをすくっていただきます。豪快なところも、おいしさの秘密。

●材料[6個分]
＊シュー生地
水──100cc
無塩バター──50g
グラニュー糖──小さじ1
塩──小さじ1/4
薄力粉──60g
全卵──2個（L玉）
冷凍パイシート（市販品）──200g
＊カスタードクリーム
卵黄──2個（L玉）
グラニュー糖──40g
薄力粉──30g
牛乳──200cc
生クリーム──50cc
バニラビーンズ──1/4本
無塩バター──大さじ1/2
コアントロー──大さじ1/2
＊カラメル
水飴──30g
グラニュー糖──150g

●オーブン温度・時間
180℃で約20分

●下準備
・薄力粉はふるっておく。
・オーブンペーパーを天板に合わせてカットし、天板に敷いておく。

●"かためのシュー皮"を作る
1　p.186を参照して、基本のシュー生地と同じ手順で、"かためのシュー生地"を作る。
2　めん棒を使って、冷凍パイシートを2mmくらいの厚さに伸ばす。直径12cmのセルクルで6枚抜き（写真a）、フォークでところどころに穴をあけ、オーブンペーパーの上に置く。
3　直径1〜1.2cmの丸口金を付けた絞り袋にシュー生地を詰め、パイシートに合わせて円に絞り、中心にも絞る（写真b）。
4　あいたスペースに直径2cmくらいのベビーシューを絞る。
＊でき上がり1個分には、ベビーシューを6個使います（写真c）。
5　180℃のオーブンで約20分焼く。

●カラメルを作り、仕上げる
1　p.188を参照してカスタードクリームを作る。パイシートにのせて焼いたシュー皮の中央に、スプーンなどでクリームをのせる。
2　カラメルを作る。鍋に、水飴とグラニュー糖を入れて火にかける。焦げ色が付いてきたら火から下ろす。
3　ベビーシューの底を、鍋の中の熱いカラメルに付け、1に飾る（写真d）。同様にしてベビーシューを6個飾り、カラメルが熱いうちに上からたらす（写真e）。

PART 4 本格的な特別スウィーツ

シュークリーム

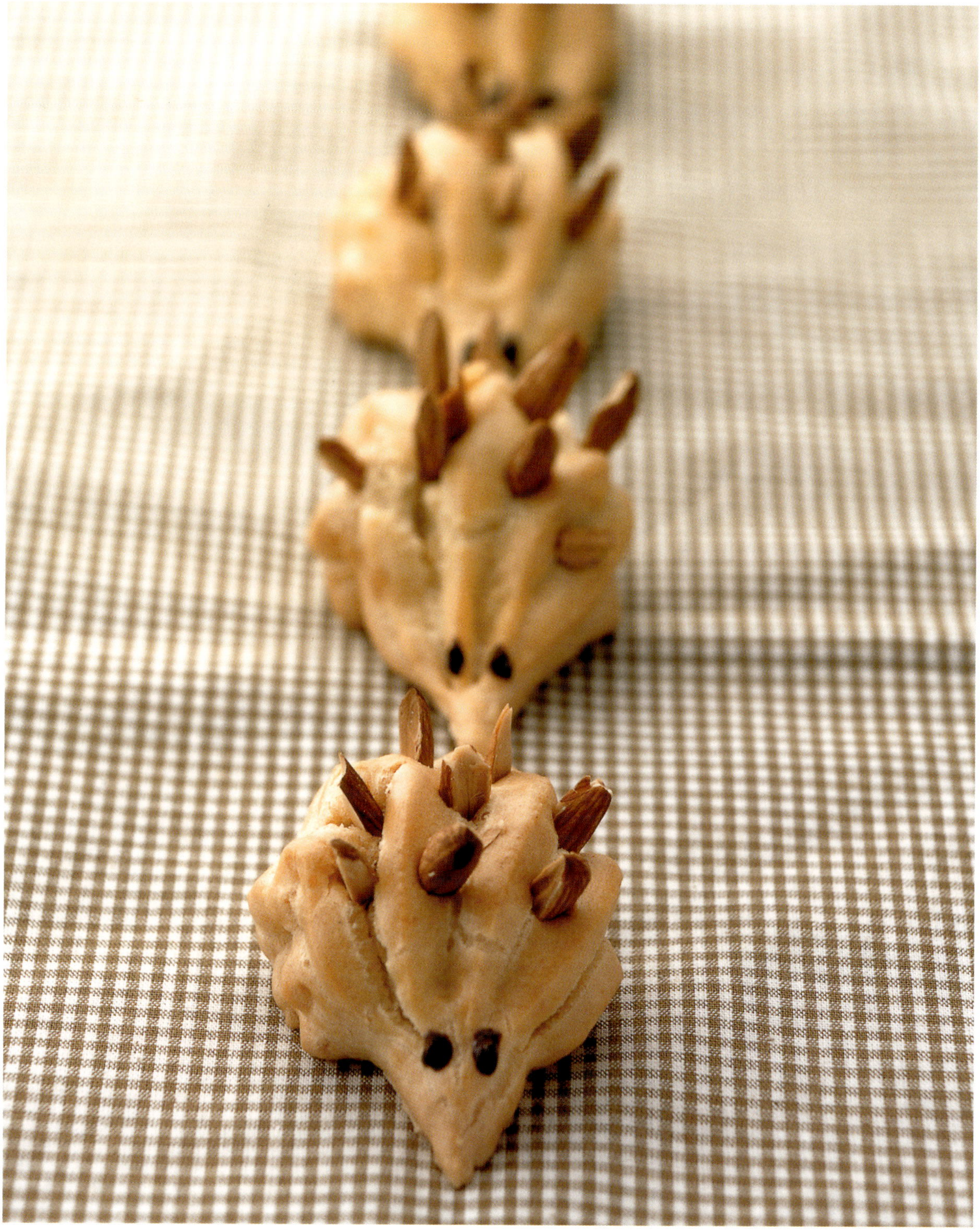

エリゾン
Hèrisson
製作／葛西麗子

フランス語で"はりねずみ"を意味するエリゾン。
中にはお好みのクリームをたっぷりと詰めて仕上げましょう。
いくつものクリームを詰めて、"食べてからのお楽しみ"にすれば、
子供達も大喜びするはず。

●材料［6個分］
＊シュー生地
水──100cc
無塩バター──50g
グラニュー糖──小さじ1
塩──小さじ1/4
薄力粉──60g
全卵──2個
＊仕上げ用
アーモンドホール──20g
チョコレート──大さじ1
※中に詰めるクリームはお好みのものを。レシピは、p.188またはp.192〜193を参照して下さい。

●オーブン温度・時間
180℃で約30分

●下準備
・薄力粉はふるっておく。
・アーモンドホールは、170℃のオーブンで約10分"から焼き"しておく。
・型紙を使用する場合は、あらかじめオーブンペーパーの裏に形を写しておく。

実物大型紙

＊型紙の使い方
天板の大きさに合ったオーブンペーパーを裏返しにのせ、えんぴつで写します。ペーパーを表に返し、その上に生地を絞りましょう。

●"かためのシュー皮"を作る
1 p.186を参照して、基本のシュー生地と同じ手順で、"かためのシュー生地"を作る。
2 直径1.2〜1.5cmの星口金を付けた絞り袋にシュー生地を詰め、型紙に合わせて、オーブンペーパーの上に胴体の部分を絞る。生地が切れないように注意し、3回くらい上下に軽く動かして盛り上げるように胴体を絞り、横にスーッと流すように押し当てて頭部を絞る（写真a）。
3 指に水を付け、軽く形を整える（写真b）。180℃のオーブンで約30分焼く。

●クリームを作り、仕上げる
1 p.188またはp.192〜193を参照して、好みのクリームを作り、直径1cmの丸口金を付けた絞り袋に詰める。シュー皮に、竹串などで穴をあけて口金を差し込み、クリームを絞り出す（写真c）。
2 "から焼き"したアーモンドを縦にカットして1に差し込み、湯せんにかけて溶かしたチョコレートで目を描く（写真d）。

PART 4 本格的な特別スウィーツ　シュークリーム

Part 5

ほっこりおいしい 和のお菓子

桜餅・大福・水ようかん・和のスウィーツ

ホッとひと息つきたいとき、
食べたくなるのが和のお菓子。
洋菓子と違ってバターを使わないので、
甘いものを控えている方にも
おすすめです。旬の素材を生かして、
香り豊かなおいしい和菓子を作りましょう。

まず始めに "あん" を作りましょう

製作／柳瀬久美子

和菓子の命はあんのおいしさです。最近では市販のあんでもおいしいものが多く売られていますので、和菓子作りの初心者ならまずは市販のあんで作ってもよいでしょう。しかし、自分で作ったあんならまた格別おいしいはず。和菓子作りに慣れてきたら、ぜひ手作りあんに挑戦してみてください。

"あん"作りに欠かせない豆

小豆

寒い地方で質のよい小豆が作られ、大粒のものを「大納言」と呼びます。香り、味ともによいので、小豆あんに使われるのはこの「大納言」が多いようです。皮が厚く扱いにくいので、初心者なら、まずはふつうの小豆を使ってもよいかもしれません。

白いんげん

大手亡（おおてぼう）、白花豆（しろはなまめ）など。白あんの原料となり、ねりきりなどに使われます。あっさりとした味なので、野菜やフルーツなどと合わせてもよいでしょう。

まずは豆の下準備です！

（1〜4はつぶあん、こしあん共通）

小豆つぶあん

●材料［でき上がり約800g］
小豆──300g
グラニュー糖──300g

小豆こしあん

●材料［でき上がり約800g］
小豆──300g
グラニュー糖──270g

白こしあん

●材料［でき上がり約800g］
白いんげん豆（大手亡）──300g
グラニュー糖──250g
ベーキングソーダ──小さじ1

1 小豆はたっぷりの水に一晩浸けてふやかします。
＊白いんげん豆はベーキングソーダを溶かしたっぷりの水に一晩浸けてふやかします。

2 翌日豆をザルにあけて水気を切り、鍋に移して豆がかぶるくらいの水を新たに入れ、強火にかける。

●白こしあんの場合は
翌日ふやかした水のまま強火にかける。

3 沸騰したら豆をザルにあけて水気を切り、再び新しい水を加えて強火にかける。この作業を2回繰り返す（あく抜きのため）。
＊白こしあんの場合は、豆をザルにあけたら流水でよく洗います。

4 あく抜きの終わった豆を鍋に戻し、再びかぶるくらいの水を入れて強火にかける。沸騰したら弱火にして蓋をし、豆が柔らかくなるまで（指で簡単に押しつぶせるくらい）ゆっくりと煮る。途中、水が足りなくなるようなら少しずつ差し水をし、常に豆に水がかぶっているようにする。

PART 5 ほっこりおいしい和のお菓子

小豆つぶあんを作る

豆を漉す作業がないので、こしあんよりも手軽に作れるつぶあん。
煮上がった豆の水気を切るときは、豆をつぶしてしまわないように注意して。

1〜4はp.207参照

5 さらしを重ねたザルに煮上がった豆をあげ、ザルの下にボウルを重ねて水をさっと回しかける。次にさらしをまとめて軽く絞り水気を切る。

6 鍋に豆を移し、分量のグラニュー糖を加えて中火にかけ、絶えず木べらでかき混ぜながらあんを焦がさないように煮ていく。

7 水分が飛んで、あんがぽってりとしてきたら火から下ろす。

8 少量ずつバットに落とし、冷ます。小豆つぶあんのでき上がり。

Point

あんは冷めると煮ているときよりも固く締まるので、少し柔らかいと思う程度で火を止めます。
あんの練り上がりの固さは好みもありますが、作るものの種類によって調節しましょう。
柔らかいお餅と合わせるときは少し柔らかめに炊いた方がバランスがよく、ねりきりなど形をしっかりと作りたいものときはある程度水分を飛ばして固めに炊いた方が、扱いやすくでき上がりもきれいになります。

＊でき上がったあんは冷凍保存できます。ラップでぴったりと包んで冷凍し、使うときはゆっくり自然解凍しましょう。

小豆こしあん、白こしあんを作る

煮上がった豆の皮を漉して作るのがこしあん。ていねいに漉し取れば、口当たりなめらかなこしあんができ上がります。白こしあんの作り方も、小豆こしあんと同様。ねりきりなどに使う場合は、色を美しく出すためにぜひ手作りの白こしあんを。

1～4 はp.207参照

5 煮上がったら鍋を火から下ろし、大きめのボウルに目の粗いザルを重ね、作業しやすいように豆を少しずつザルに入れながら、レードルの背などで豆をつぶして漉す。

6 別のボウルに水を張り、そこで5のざるをすすぎ洗うようにして漉す。皮に付いているあんを漉し取るようにし、ザルに残った皮の部分は捨てる。

7 5、6のボウルのあんを、さらに目の細かい漉し器を通して別の水を張ったボウルに漉す。皮に付いているあんを漉し取るようにし、漉し器に残った皮の部分は捨てる。

8 ザルにさらしを重ねて7のあん汁を流し、さらしをまとめて固く絞り水気を切る。

9 水気を切ったあんを鍋に移し、分量のグラニュー糖を加えて中火にかけ、絶えず木べらでかき混ぜながらあんを焦がさないように練っていく。

10 ねっとりとしてきて、木べらであんをすくって鍋に落とすと山形に立つくらいになったら火から下ろす。

11 少量ずつバットに落とし、冷ます。小豆こしあんのでき上がり。

PART 5 ほっこりおいしい和のお菓子

桜餅

製作／柳瀬久美子

しっとりした白玉粉の焼き皮であんを包んだ、関東風の桜餅です。
桜の葉を使わず、色違いの生地で花びら型の飾りを付けました。
なめらかなこしあんが舌にやさしく広がります。

皿／椀や

●材料 [約10個分]
白玉粉——12g
水——180cc
薄力粉——120g
上白糖——35g
食用色素（赤）——少々
小豆こしあん——250g（p.207参照）

●下準備
・薄力粉はふるい、上白糖と合わせておく。

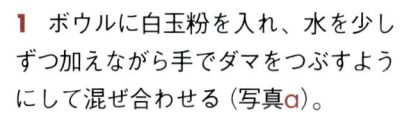

1　ボウルに白玉粉を入れ、水を少しずつ加えながら手でダマをつぶすようにして混ぜ合わせる（写真a）。
2　1のボウルに薄力粉と上白糖を加え、ホイッパーで粉っぽさがなくなるまでよく混ぜ合わせる（写真b）。
混ざったものを漉し器を通して別のボウルに移し、2等分にする。
3　ひとつはそのまま、もうひとつはごく少量の水で溶いた食用色素でうす紅色に染める（写真c）。それぞれラップをして室温で約30分生地を休ませる。
4　小豆こしあんを10等分にして丸め、乾かないようにラップをかけておく。
5　フッ素加工のフライパンを弱火で熱し（またはホットプレートを120℃にセットする）、大さじ1強の生地を流し入れ、スプーンの背で丸く広げる（写真d）。
表面が乾いたら裏返し、両面とも焼き色を付けないように焼く。
6　それぞれの生地を6〜7枚ずつ焼き、焼き上がった生地は重ねて乾燥しないようにラップをかけておく（写真e）。
7　生地の真ん中にあんをのせ、包む。残った生地を桜の花びらの抜き型で抜き、裏面に水（分量外）を少量塗り桜餅に貼る。

PART 5　ほっこりおいしい和のお菓子

四季のねりきり

製作／柳瀬久美子

手作りの白こしあんを使って、ねりきりにチャレンジしてみましょう。
春夏秋冬、基本の作り方はすべて一緒。色を変えるだけで華やかに四季の風景が広がります。春と夏は白こしあんを、秋と冬は小豆こしあんを包みました。

Spring
春

うす紅色と若草色が春らしく、やさしい風を運んできそう。
若草色は抹茶を使い、ほのかに色を付けました。
桜の花びらと新芽を思わせるねりきりです。

Summer
夏

水色と紫の涼しげな色合いの夏のねりきり。
雨の滴があじさいを映しているようです。
紫芋のフレークを使えば、自然な紫になります。

Autumn
秋
燃えるようなオレンジと黄色で、日本の秋を表現しました。微妙な色合いは、色を付けたねりきりどうしをよく揉み合わせて作ります。

Winter
冬
枯れ木に雪がしんしんと降りつもるような冬のねりきり。小豆こしあんを使った黒いねりきりと、ごまを合わせた斑点のねりきりで、素朴でおいしくでき上がりました。

PART 5 ほっこりおいしい和のお菓子

ねりきりを作りましょう

白こしあんに、白玉粉で作ったぎゅうひを混ぜ合わせて揉み込んだものが"ねりきり"。より白くなめらかなねりきりにするために、しっかりと生地を揉み込みましょう。発色も美しく、つやよく仕上がります。

●材料[でき上がり約300g]
＊白いねりきり種
白玉粉──5g
水──25cc
白こしあん──300g(p.207参照)
上白糖──25g
＊黒いねりきり種
白玉粉──5g
水──25cc
小豆こしあん──300g(p.207参照)
上白糖──25g

ねりきり種を作る

1 ボウルに白玉粉を入れ、水を加えてよく混ぜ溶かす。茶漉しを通して小鍋に移す。

2 ガラス製のボウル(または耐熱容器)に白こしあんを入れ、ペーパータオルで表面を覆い、電子レンジで2分加熱する。あんの水分が飛び、ぽろぽろとして触っても手に付かないくらいの状態がベスト(写真a)。

3 1の鍋を弱火にかけて木べらで練り、糊状になったら(写真b)、上白糖の1/3を加えてなめらかになるまで練り混ぜる。残りの上白糖を加え、再び混ぜながら同様になめらかになるまで練る(ぎゅうひのでき上がり)。

4 2のボウルに3のぎゅうひを加え、粘りが出るまで木べらでよく混ぜる(写真c)。
＊ぎゅうひが固くてうまく混ざらないときは、レンジで20〜30秒加熱しましょう。

5 固く絞って広げたさらしの上に、4の生地を細かくちぎって並べ(写真d)、1〜2分おいて粗熱を取る。
＊あまり長い時間おくと表面がかさかさになってしまうので注意しましょう。

6 さらしの外側から包み込むようにし、生地をまとめ揉み込む(写真e)。

7 再び小分けにちぎって1〜2分おき、同様にまとめ揉み込む。この作業を3〜4回、生地が完全に冷めるまで繰り返す。

＊もしも水分が飛びすぎてぽろぽろしてくるようなら、手を水で濡らして揉み込みましょう。

8 生地がなめらかになったらでき上がり(写真f)。乾燥を防ぐためにラップでぴったりと包み、風を当てないように注意する。

＊黒いねりきり種は、白こしあんを小豆こしあんにして同様に作りましょう。

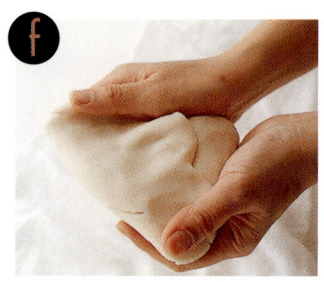

ねりきり種に色を付ける

春
* うす紅色のねりきり
食用色素(赤)──ごく少量
* 若草色のねりきり
抹茶──少々

夏
* 水色のねりきり
食用色素(青)──ごく少量
* 紫のねりきり
紫芋のフレーク(少量の熱湯で溶いたもの)──少々

秋
* 黄色のねりきり
食用色素(黄)──少量
* オレンジのねりきり
食用色素(赤)で赤に着色したねりきり種──適宜
食用色素(黄)で黄色に着色したねりきり種──適宜

冬
* 斑点のねりきり
黒すりごま──少々
* 黒いねりきり
黒いねりきり種(p.214参照)

● 食用色素で色を付ける
1 水で溶いた食用色素を竹串の先などに少量付け、白いねりきり種に少しずつ色をのせる(写真a)。
2 色を見ながら、ムラがなくなるまで手でよく揉み込む。

● 食材で色を付ける
1 黒すりごまを白いねりきり種に少しずつ加える(写真b)。
2 色を見ながら、ムラがなくなるまで手でよく揉み込む。
* 抹茶、紫芋のフレークも同様に少しずつ加えて揉み込みましょう。

Point
混ぜる素材や量の加減によっても色が変わるので、慎重に少しずつ色を付けていきます。同時に何色かの色を付ける場合は、作業台や手に付いた色素が、万が一他の色に混ざってしまっても大丈夫なように、色の淡いものから色付けするとよいでしょう。
* オレンジなどの中間色は、着色したねりきり種同士を揉み合わせて色を作ります。さまざまな色が楽しめるので、いろいろと試して好みの色を見つけて下さい。
* 着色したねりきり種は冷凍保存できます。ラップでぴったりと包んで冷凍し、使うときはゆっくり自然解凍しましょう。

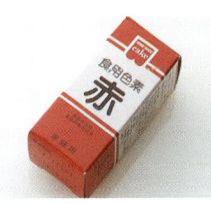

食用色素
お菓子や料理などに色を付けるときに使われる色素です。赤・青・黄が市販されています。少量の水で溶いて使います。

紫芋のフレーク
紫芋をフレーク状にしたもの。少量の熱湯で溶いて使います。食用色素で表現するのがむずかしい紫色も、紫芋のフレークを使うときれいに発色します。

形を作る

● 材料[1個につき]
着色したねりきり種2色
　──各15g(合わせて30g)
好みのこしあん──10g(p.207参照)

1 中心に入れるこしあんは1個10gに分けてそれぞれ丸め、乾かないようにラップをかけておく。
2 好みの組み合わせで2〜3色のねりきり種を組み合わせ、粗い目のふるい、またはきんとん漉しを通してそぼろ状にする(写真c)。
3 そぼろ状になったねりきりを、箸でバランスを見ながらあんに付ける(写真d)。

PART 5　ほっこりおいしい和のお菓子

串だんご

製作／柳瀬久美子

ひとくちサイズのおだんごをひとつずつ串にさしました。
みたらし、こしあん、ごま、ピーナッツの4つの味を楽しめます。
みんなでワイワイ楽しくいただけそう。

● 材料［約10個分］

＊だんご
上新粉――150g
水――110〜130cc

＊みたらしのたれ
葛粉――10g
水――50cc
醤油――30cc
上白糖――40g
みりん――小さじ1

＊こしあん
小豆こしあん――80g（p.207参照）
水――20cc
水飴――10g

＊ごま
黒煎りごま――30g
上白糖――10g
塩――少々

＊ピーナッツ
ピーナッツ――30g
上白糖――10g
塩――少々

皿／布遊館

PART 5 ほっこりおいしい和のお菓子

●だんごを作る

1 ボウルに上新粉を入れ、水を少しずつ加えながら耳たぶくらいの固さになるまでこねる。
2 固く絞ったさらしを蒸し器に敷き、そこに7～8個にちぎった生地を並べ約30分蒸す（写真a）。生地を割ってみて中まで透明感が出ていれば蒸し上がり（写真b）。
3 蒸し上がった生地をさらしごと取り出し、ひとまとめにして熱いうちによく揉み込む（非常に熱いのでやけどに注意）。熱いうちはさらしを使って揉み、手で触れるようになったら手で揉み込む。
4 生地がなめらかでもっちりとしてきたら（写真c）、2等分にする。棒状に伸ばし、それぞれ12等分にカットして24個の団子に丸める。
5 水で濡らした竹串にだんごを刺し、好みで両面に焦げ目が付くまで焼き網で焼く（写真d）。

●みたらしだんごを作る

1 小さいボウルに葛粉を入れ、少量の水（分量外）で溶いておく。
2 小鍋に水、醤油、上白糖を入れ、火にかけて沸騰させる。
3 2の鍋に1の葛を入れてかき混ぜ、液が透明になり、とろみが付いてきたらみりんを加える（写真e）。さっと混ぜ合わせて火から下ろす。
4 だんごをくぐらせる。

●こしあんだんごを作る

1 鍋に小豆こしあん、水、水飴を入れ火にかけ、木べらで混ぜながら沸騰したら火から下ろす。バットなどに広げて表面にラップを張り、粗熱を取る。
2 だんごにへらで塗る。

●ごまだんごを作る

1 すり鉢で粗めにすった黒煎りごまにふるった上白糖と塩を加えムラなく混ぜる。
2 だんごにまぶす。

●ピーナッツだんごを作る

1 ピーナッツは160℃のオーブンで約10分ローストし、粗熱を取る。
2 フードプロセッサーにかけて細かく砕く（フードプロセッサーがない場合は粗く刻んでからすり鉢でする）。
3 ふるった上白糖と塩を加えムラなく混ぜる。
4 だんごにまぶす。

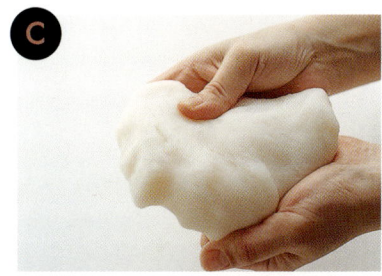

うさぎ

製作／柳瀬久美子

つくね芋と上用粉で作った、きめの細かいおまんじゅうです。
チョン、とついた目と耳がかわいい！
目はごまを食用色素で染めたもの、耳は熱した金串で付けました。

皿／べにや民芸店

PART 5 ほっこりおいしい和のお菓子

● 材料 [18個分]

＊皮
- つくね芋——80g
- ※手に入らなければ大和芋で代用可
- 上白糖——160g
- 上用粉——120g
- ※手に入らなければ上新粉で代用可

＊あん
- 小豆こしあん——450g（p.207参照）

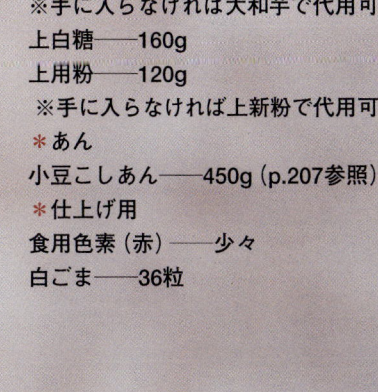

＊仕上げ用
- 食用色素（赤）——少々
- 白ごま——36粒

● 皮を作る

1 つくね芋は皮をむき、目の細かい下ろし金で円を描くようにていねいにすり下ろす。

2 すり下ろした芋をすり鉢に入れ、なめらかになるまでする（写真a）。

3 なめらかになってきたら分量の上白糖を3〜4回に分けて加え、そのつど上白糖がじゅうぶんになじむようによく混ぜる。

4 別のボウルに上用粉を入れ、**3**の生地を加えて手のひらで押しつぶすようにしながら手早く揉み込み、まとめる。

5 生地が耳たぶくらいの固さになったらでき上がり（ボウルの中に粉が残っていても、これ以上揉み込まなくてよい）。

● 仕上げる

1 小豆こしあんを1個25gに分けてそれぞれ丸め、乾かないようにラップをかけておく。

2 生地をバットに移し、18等分にする。

3 手のひらで生地を丸く広げ、あんをのせて卵形になるように包む（写真b）。

4 固く絞ったさらしとオーブンペーパーを蒸し器に敷き、間隔をあけて生地を並べ、強火で約10分蒸す。

5 蒸し上がったら取り出して粗熱を取り、直火で熱した金串や焼き印を押して、うさぎの耳を付ける（写真c）。目は水で溶いた食用色素で赤く染めた白ごまを付ける。

盆／時・遊・館

豆大福とイチゴ大福

製作／柳瀬久美子

上新粉と白玉粉で作った、やわらかい餅生地であんを包みました。
和菓子屋さんでおなじみの大福も、自分で作るとそのおいしさはまた格別。

●材料[各5個、計10個分]
＊餅生地
上新粉——75g
白玉粉——75g
上白糖——20g
水——130〜150cc
片栗粉——適宜
＊煮エンドウ豆（作りやすい量）
エンドウ豆——100g
ベーキングソーダ——小さじ1/2
水——適宜
塩——小さじ1/2
＊豆大福
煮エンドウ豆——30g
小豆つぶあん——125g（p.207参照）
＊イチゴ大福
イチゴ——5個
小豆つぶあん——100g（p.207参照）

●下準備
・エンドウ豆はベーキングソーダを溶かしたたっぷりの水に一晩浸けてふやかしておく。

●餅生地を作る
1 ボウルに上新粉、白玉粉、上白糖を加え、水を少しずつ加えながら耳たぶくらいの固さになるまでこねる（写真a）。
2 固く絞ったさらしを蒸し器に敷き、7〜8個にちぎった生地を並べて約30分蒸す（生地を割ってみて中まで透明感が出ていれば蒸し上がり）。
3 蒸し上がった生地をさらしごと取り出しひとまとめにし、熱いうちによく揉み込む。熱いうちはさらしを使って揉み、手で触れるようになったら手で揉み込む。
4 生地がなめらかでもっちりとしてきたら2等分にし、片方の生地には煮エンドウ豆（下記参照）を混ぜて揉み込む。
5 片栗粉を手にまぶし、それぞれの生地を5等分にする。

●煮エンドウ豆を作る
1 ふやかしておいたままの水で強火にかけ、沸騰したら豆をざるにあけて流水でよく洗う（あく抜きのため）。
2 再び豆を鍋に入れ、豆がかぶるくらいの水を加えて強火にかける。
3 沸騰したら弱火にし、好みの固さになるまで煮る。途中水が足りなくなるようなら少しずつ差し水をし、常に豆に水がかぶっているようにする。
4 煮上がったら塩を加え、そのまま一煮立ちさせて火を止める。
5 煮汁の中で粗熱を取り、冷ましてから汁気を切る。
＊煮エンドウ豆は冷凍保存できます。小分けにしてラップでぴったりと包んで冷凍し、使うときは自然解凍しましょう。

●豆大福を作る
1 豆大福用のあんは1個25gにして丸めておく。
2 煮エンドウ豆を混ぜて揉み込んだ餅生地であんを包む。

●イチゴ大福を作る
1 イチゴ大福用のあんは1個20gにして丸めておく。
2 イチゴはへたを取り、あんで2/3くらいを包む（写真b）。
3 餅生地で2を包む。

水ようかん

製作／柳瀬久美子

つるりとのどごしのよい水ようかんは、寒天と小豆こしあんのシンプルな材料で作ることができます。
なめらかで繊細な舌触りを出すためには、漉し器を通すことを怠らないで。
よく冷やしてからいただきましょう。

●材料[直径約8cmの器12個分]
棒寒天──1/3本
水──650cc
小豆こしあん──350g (p.207参照)
黒蜜──30g

●下準備
・棒寒天はたっぷりの水に浸け、2時間〜一晩ふやかしておく。

1 鍋に分量の水と、水気を切ってちぎった寒天を入れ火にかける。木べら、またはホイッパーでかき混ぜながら寒天を溶かし、煮立ってきたらそのまま約1分かき混ぜる。

2 1の鍋に小豆こしあんと黒蜜を加え、ホイッパーであんを混ぜ溶かす。再び煮立ってなめらかになったら火から下ろし、漉し器を通してボウルに移す。

3 2のボウルを氷水の張ったボウルに当て、ゴムべらでかき混ぜながら粗熱を取り、軽くとろみが付いてきたら器に流し、冷蔵庫で冷やす。

皿／べにや民芸店

おはぎ

製作／柳瀬久美子

昔から家庭でも作られてきたおはぎ。
お米と餅米をブレンドして炊き、つぶつぶの食感を残しました。
ベーシックなこしあんと、うぐいすきなこの2種類で、
ひょいっとつまめる小さなサイズのおはぎです。

● 材料 [16個分]

米——1/3合
餅米——2/3合
塩——小さじ1/2
水——170cc
小豆こしあん——320g（p.207参照）
うぐいすきなこ——適宜

1 米類は合わせてとぎ、ザルにあけて30分おき、分量の塩を加えた水で炊く。炊き上がったら10〜15分蒸らす。

2 米が熱いうちに水で濡らしたすりこぎで粗くつく（写真a）。
＊米のつき加減は好みで。よくつくとなめらかな餅のようになります。

3 米を16等分にして丸める（手に米が付くようなら、手に水を付けて作業する）。丸めたものは、乾燥しないように固く絞ったさらしをかけておく。

4 小豆こしあんを、25gのものを8個、15gのものを8個に分けてそれぞれ丸め、乾かないようにラップをかけておく。

5 25gのあんを手のひらにのせ、厚さを均一にして丸く広げ、もちを包む（手にあんが付くようなら、固く絞ったさらしで手を湿らせるとよい）。

6 残りの餅は、手に水を付けて厚さを均一に丸く広げ、15gのあんを包む。包んだものに、バットに広げたうぐいすきなこをまぶす。

PART 5 ほっこりおいしい和のお菓子

草餅

製作／柳瀬久美子

よもぎが香り立つ草餅。
よもぎは生のものがなくても、粉末状のものやペースト状で
市販されているものでも代用できます。

●材料［10個分］
ベーキングパウダー──小さじ1
よもぎ──適宜
　（よもぎは茹でてすりつぶしたもの。市販品でもよい）
上新粉──100g
上白糖──20g
水──約80cc
小豆つぶあん──200g（p.207参照）

●よもぎの下準備
＊市販品の場合は各メーカーの指示に従って下さい。
1　鍋にたっぷりの湯を沸かし、ベーキングパウダーを加えたら、よもぎの柔らかい葉の部分だけを入れ、かき混ぜながら強火でさっと茹でる。
2　茹で上がったら冷水にとり、しばらく水にさらしてあくを抜く。
3　水気をしっかりと切り、フードプロセッサーにかける（フードプロセッサーがない場合は、すり鉢で繊維を細かく断ち切るようにすりつぶす）。
＊茹でてすりつぶしたよもぎは冷凍保存できます。小分けにしてラップでぴったりと包んで冷凍し、使うときは自然解凍しましょう。

●餅生地を作る
1　ボウルに上新粉、上白糖を入れ、水を少しずつ加えながら耳たぶくらいの固さになるまでこねる（写真a）。
2　固く絞ったさらしを蒸し器に敷き、そこに5～6個にちぎった生地を並べ約25分蒸す（生地を割ってみて中まで透明感が出ていれば蒸し上がり）。
3　蒸し上がった生地をさらしごと取り出しひとまとめにして、熱いうちによく揉み込む。熱いうちはさらしを使って揉み、手で触れるようになったら手で揉み込む。
4　よもぎを加えて、さらに揉み込む（よもぎの量は色を見ながら調節する）。でき上がったら10等分にして丸めておく。
＊よもぎは乾燥よもぎ、冷凍よもぎ、自分で茹でたよもぎなどで使用する量が変わるので、レシピでは量を指定していません。各メーカーの指示に従うか、色と味を見ながら調節して下さい。少しずつ混ぜていけば、失敗することはないでしょう。

●仕上げ
1　小豆つぶあんを10等分にして丸め、乾かないようにラップをかけておく。
2　餅生地を手で丸く広げてあんを包み、閉じ目をきゅっと絞り、親指と人差し指の腹を使ってつまんで閉じる（手に餅が付くようなら、手に白みつを少量付けて作業する）。

point
よもぎは、乾燥させて粉末状にしたものや、すりつぶして冷凍したものなどが市販されています。

栗蒸しようかん

製作／柳瀬久美子

栗の甘露煮で、ぜひ本格的な栗蒸しようかんを。
むずかしそうなようかんも、作り方はいたって簡単。
やわらかなようかんの中からコロコロと栗が顔を出します。

●材料[5cm×20cm2本分]
小豆こしあん——400g（p.207参照）
薄力粉——35g
片栗粉——8g
上白糖——25g
塩——小さじ1/5
栗の甘露煮（市販）——10〜12個
竹皮——2枚
凧糸——適宜

●下準備
・竹皮はたっぷりの水に浸けて柔らかくしておき、使う直前に水気をよくふき取る。
・薄力粉、片栗粉は合わせてふるっておく。

1 ボウルに小豆こしあん、薄力粉、片栗粉を入れ、手でよく練り混ぜる（写真a）。
2 1のボウルに上白糖、塩を加えて混ぜ、なめらかになるまでよく混ぜ合わせる。
3 でき上がった生地を2等分にしてそれぞれ竹皮の中央に棒状にのせ、上に均等に栗の甘露煮をのせる（写真b）。でき上がりが筒型になるように、両端の余っている竹皮を上にかぶせるように折り返し、隙間ができないように丁寧に包んで凧糸でぴったりと縛る（写真c）。
4 ペーパータオル、またはさらしを蒸し器に敷き、そこに3をのせ、25〜30分蒸す。
5 蒸し上がったらそのまま粗熱を取り、食べるときに竹皮からはがして好みの厚さに切る。

皿／器の店 欅　竹皿、フォーク／べにや民芸店

PART 5　ほっこりおいしい和のお菓子

皿／べにや民芸店

洋風・栗の茶巾絞り

製作／柳瀬久美子

生栗が手に入ったらぜひ作りたい一品。
バニラビーンズとラム酒を加えた、
香り豊かな洋風の栗の茶巾絞りです。

● 材料［約10個分］

＊栗茶巾
栗──約500g（正味350g）
バニラビーンズ──1/2本
上白糖──70g
牛乳──100cc
ラム酒──大さじ1～2
＊クリーム
生クリーム──100cc
上白糖──10cc
シナモンパウダー──少々

● 下準備
・バニラビーンズは縦に切り込みを入れ、種を取り出しておく。

● 栗の茶巾絞りを作る

1 栗はたっぷりの水（分量外）と共に鍋に入れ、中火にかけて沸騰したらそのまま30～40分茹でる。

2 茹で上がったら湯を切り、粗熱を取る。栗を半分にカットし、スプーンで中身をくり抜いて正味350gをとり（写真a）、鍋に入れる。

3 **2**の鍋にさやから取り出したバニラビーンズの種、上白糖、牛乳を入れ、火にかけて絶えず木べらでかき混ぜながら水分を飛ばしていく。

4 柔らかかった栗ペーストがひとまとまりになったら（写真b）、火から下ろしてラム酒を加える。

5 固く絞ったさらしの上に**4**の栗ペーストをのせ、やけどしない程度まで冷ましてからさらしで包んでよく揉み込む（写真c）。

6 全体がなめらかになったら（写真d）10等分にする。
＊栗のダマは残っていてもよい。

7 固く絞ったガーゼで茶巾絞りにする（写真e）。

● クリームを作る

1 ボウルに生クリームと上白糖を入れ、ホイッパーで六分立てにする。

2 食べるときに、栗の茶巾絞りに生クリームを添え、シナモンパウダーをふりかける。

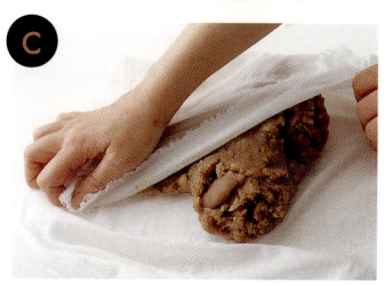

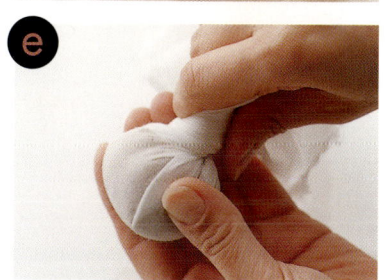

PART 5 ほっこりおいしい和のお菓子

どら焼き

製作／柳瀬久美子

おやつにちょっとつまみたい、ひとくちサイズのどら焼きです。かわいい焼き印が手に入ったら、ぜひ模様を付けてみましょう。

● 材料 [約20個分]
全卵──120g（L玉2個）
上白糖──100g
はちみつ──大さじ1
ベーキングソーダ──小さじ1/2
水A──大さじ2
薄力粉──140g
水B──大さじ3〜4
小豆つぶあん──200g（p.207参照）

● 下準備
・薄力粉はふるっておく。

1 ボウルに全卵を割りほぐし、上白糖を加えてホイッパーで生地が白っぽくなるまで軽く泡立てる。
＊ふんわりするまで泡立てないようにしましょう。

2 1にはちみつを加え、ホイッパーでムラなく混ぜ合わせる。

3 ベーキングソーダを水Aで溶き、2の生地に加え混ぜたら薄力粉を加える。ホイッパーで粉っぽさがなくなるまで混ぜ合わせ、固さを見ながら水Bを加える。パンケーキくらいの固さになったら（写真a）、ラップをかけて室温で約30分休ませる。

4 フッ素加工のフライパンを弱火で熱し（またはホットプレートを120℃にセットする）、サラダ油を薄くひいて余分な油はペーパータオルで拭き取る。生地を流し入れ、スプーンの背で直径5cmに広げる。

5 表面にぷつぷつと泡が出てきたら生地を裏返し、両面焼く（裏返した方はしっかり焼かずに、表面が乾く程度でよい）。

6 焼き上がった生地にあんを挟み、あれば熱した焼き印を当てて模様を付ける。
＊焼き印は直火にかけてじゅうぶん加熱し、表面に軽く押し当てます。いくつか押し当ててジュッといわなくなったら再び火にかけて熱しましょう。

デラックスクリームみつ豆

製作／柳瀬久美子

熱いお茶と一緒に、みつ豆でホッとひと息つきませんか？
お好みで小豆つぶあんを添えても。

●材料[5〜6人分]
＊寒天（18cm角の流し缶1枚分）
棒寒天──1/2本
水──650cc
グラニュー糖──50g
＊白玉（作りやすい量）
白玉粉──80g
水──70〜80cc
＊干し杏の甘露煮（作りやすい量）
干し杏──200g
水──600cc
グラニュー糖──150g
　その他
煮エンドウ豆──適宜（p.221参照）
干し杏の甘露煮──適宜
市販のアイスクリーム──適宜
黒蜜──適宜

●下準備
・棒寒天はたっぷりの水に浸け、2時間〜一晩ふやかしておく。

敷物／べにや民芸店

●寒天を作る
1　鍋に分量の水と、水気を切ってちぎった寒天を入れ火にかける。木べら、またはホイッパーでかき混ぜながら寒天を溶かし、煮立ってきたらそのまま約1分かき混ぜる。
2　グラニュー糖を加えて、再び煮立ってきたら火から下ろす。
3　茶漉しを通して流し缶に流し、粗熱を取り、冷蔵庫で完全に冷やし固める。

●白玉を作る
1　ボウルに白玉粉を入れ、水を少しずつ加えながら耳たぶくらいの固さになるまでこねる（写真a）。
2　鍋にたっぷりの湯を沸かしておく。
3　1の生地を小さく丸め、中央を指で押してくぼませて湯の煮立った鍋に入れて茹でる。白玉が浮き上がってきたら（写真b）さらに約1分茹で、冷水に取り冷やす。

●干し杏の甘露煮を作る
1　鍋に干し杏と分量の水を入れ、火にかける。
2　沸騰したらグラニュー糖を加え、再び煮立ってきたらさっとあくをすくい取り、弱火にして約5分煮る。
3　火を止めたら煮汁の中でゆっくりと粗熱を取り、味を染み込ませる。
＊干し杏の甘露煮は2〜3週間冷凍保存できます。熱湯消毒した瓶に煮汁ごと詰めて冷凍しましょう。

●仕上げ
1　器に材料を盛り、食べるときに黒蜜をかける。

PART 5　ほっこりおいしい和のお菓子

きんかん蒸しパン

製作／柳瀬久美子

きんかんの甘露煮を生地に混ぜ込んだ、
風味豊かな蒸しパンです。
色も鮮やかでしっとりした食感がおいしい、
やさしい味わいのおやつです。

PART 5 ほっこりおいしい和のお菓子

●材料[直径15cmのザル1個分]
＊きんかんの甘露煮（作りやすい量）
きんかん——20個
水——200cc
グラニュー糖——120g
＊蒸しパン生地
全卵——2個（M玉）
サラダ油——小さじ2
牛乳——70〜80cc
上白糖——50g
薄力粉——150g
ベーキングパウダー——小さじ1と1/2
きんかんの甘露煮——100g

●きんかんの甘露煮を作る
1　きんかんは水洗いしてナイフで縦に切れ込みを何本も入れる（風船切り）。指で軽く押し、切れ込みに竹串を入れて中の種を取り除く（写真a）。
2　鍋にたっぷりの湯（分量外）を沸かし、沸騰したらきんかんを入れ3〜4分煮る。煮上がったら火から下ろし、きんかんを冷水に取り15〜20分さらす。
3　別の鍋に分量の水とグラニュー糖を入れ、火にかけて沸騰したらきんかんを入れる。再び煮立ったらあくを丁寧にすくい取り、弱火にしてオーブンペーパーなどで落とし蓋をして10〜15分煮る（写真b）。
4　火を止めてそのままゆっくり冷まし、味を染み込ませる。
＊でき上がったきんかんの甘露煮は、熱湯消毒した瓶に煮汁ごと詰めて冷蔵庫で2〜3週間保存できます。

●蒸しパン生地を作る
1　計量カップに全卵を割りほぐし、サラダ油を加える。牛乳を加えて全体が140ccになるように牛乳の量で調節する。
2　1の生地をボウルに移し、上白糖を加えてホイッパーでよく混ぜ合わせる。
3　2の生地に薄力粉とベーキングパウダーをふるい入れ、粉っぽさがなくなり生地がなめらかになるまでホイッパーで混ぜ合わせる（写真c）。
4　きんかんの甘露煮を粗く刻み、3の生地に加える（写真d）。
5　ザルにオーブンペーパーを敷き、そこにでき上がった生地を流し入れ（写真e）、蒸気の上がった蒸し器に入れて25〜30分蒸す。

タピオカ抹茶オレ

製作／柳瀬久美子

タピオカといえばココナッツミルクですが、ここでは和風に抹茶オレと合わせました。和三盆の上品な甘みと抹茶がよく合います。とっても簡単なのにちょっと贅沢な気分になりそう。

●材料［2〜3人分］
タピオカ——30g
和三盆糖——30g
抹茶——小さじ2
牛乳——300cc

●下準備
・タピオカはたっぷりの水に浸け、一晩ふやかしておく（夏場は冷蔵庫に入れて、冬場は室内の寒い場所でふやかす）。

1 ふやかしておいたタピオカをザルにあけ、軽く水洗いして鍋に入れ、新しい水を加えて強火にかける。
2 タピオカが透明になり、浮いてきたら（写真a）、氷水を張ったボウルに取り冷やす。
3 別のボウルに和三盆糖と抹茶を入れ、少量の牛乳で溶いてペースト状にし、目の細かい漉し器で漉す。
4 残りの牛乳を人肌よりも少し熱いくらいに温め（50〜60℃。沸騰させないように）、**3**の抹茶ペーストを少しずつダマにならないように溶きのばしながら加える。
5 粗熱を取り、冷蔵庫で冷やす。
6 器にタピオカを入れ、**4**の抹茶オレを注ぐ。

皿／布遊館

イチゴ白玉シロップ

製作/柳瀬久美子

イチゴを丸ごと白玉の生地で包んで茹でた、見た目も可愛らしいイチゴ白玉。
しばらくシロップにつけておくと、ほんのり甘味が染みてもっとおいしくいただけます。

● 材料 [3〜4人分]
＊シロップ
水──200cc
上白糖──80g
レモン果汁──大さじ1
＊イチゴ白玉
白玉粉──120g
水──100〜120cc
イチゴ──9〜12個

● シロップを作る

鍋に水と上白糖を入れて火にかけ、沸騰したら火から下ろす。上白糖が完全に溶けたら粗熱を取り、レモン果汁を加えて冷蔵庫でじゅうぶんに冷やす。

● イチゴ白玉を作る

1 ボウルに白玉粉を入れ、水を少しずつ加えながら耳たぶくらいの固さになるまでこねる。
2 白玉をイチゴの数に合わせて等分にする。ひとつずつイチゴの大きさに合わせて伸ばし、へたの部分は残して厚さを均等にイチゴを包む（写真a）。
3 鍋にたっぷりの湯を沸かしておく。
4 2のイチゴ白玉を湯の煮立った鍋に入れて茹でる。イチゴ白玉が浮き上がってきたらさらに約1分茹で、冷水に取り冷やす。
5 シロップと共に器に入れる。

PART 5 ほっこりおいしい和のお菓子

デコレーションテクニック

手作りしたケーキはそのままでもおいしいものですが、よりスペシャルにするための、簡単なデコレーションテクニックを紹介します。
焼き上がりのケーキを見て、このケーキにはなにが似合うか考えるのも楽しい作業です。

■ ナパージュ

ケーキの表面につやを与え、よりいっそうゴージャスな仕上がりに見せるナパージュ。作り方はとっても簡単なので、ぜひお試し下さい。

p.40／ケイク・オ・バナーヌ
p.60／スフレ・フロマージュ
p.66／タルト・ポワルで使用

あんずジャムに同量の水を加え火にかけ、よく溶かして熱々にしてから刷毛を使って塗る。冷めるとすぐに固まるので再度火にかけて使う。

■ フルーツの飾り

生のフルーツを使用した、ちょっと贅沢なデコレーション。このひと手間が、ワンランクアップのポイントです。

p.26／オレンジのロールケーキで使用

オレンジの皮をむき、薄皮と実の間にナイフを入れ実を取り出す。シロップ（砂糖1：水2）とリキュール（好みで）に軽く浸しておく。

p.40／ケイク・オ・バナーヌで使用

バナナを1cm厚にスライスし、表面をバーナーで焦がす。ナパージュを塗って飾る。

■ 生クリームのデコレーション

デコレーションで使う生クリームは、ほんの少し固めに泡立てるのがポイントです。

p.26／オレンジのロールケーキのデコレーション

生クリームはロールケーキに塗りやすい固さに立てる。ゆるすぎると垂れてしまって塗りにくい。パレットナイフの跡がそのまま模様として残るように塗っていく。

p.6／イチゴのショートケーキのデコレーション

サントノレ口金をつけた絞り袋で絞る。ナッペのときよりもほんの少し固めに生クリームを立てる。口金を斜めに寝かせて少し前へ押し出すように絞り、力を抜いてすっと引く。引くときは力を入れないこと。

製作／栗山有紀

■ プラリネ

p.152／キャラメルムースで使用

そのまま"カリカリッ"と食べてもおいしいプラリネ。
アイスクリームやムースにトッピングして、食感も楽しめます。
ヘーゼルナッツと置きかえて作ってもよいでしょう。
＊乾燥剤を入れた密閉容器で2～3ヵ月保存できます。

● 材料
アーモンドスライス──40g
グラニュー糖──100g
粉糖──適宜

● 下準備
・アーモンドスライスを、オーブン（170～180℃）できつね色になるまで"から焼き"しておく。
・オーブンシートの上に粉糖をふっておく。

1 鍋にグラニュー糖を入れて火にかける。少し焦げたら、"から焼き"したアーモンドスライスを加える。
2 へらで混ぜながら、濃いキャラメル色になるまでよくからめる。
3 粉糖をふったオーブンシートの上に手早く広げ、上からも粉糖をふり、固まるまでおいておく。
4 冷めて固まったら、包丁などで細かく刻み、粉糖を少量まぶす。

製作／加賀和子

■ プチコポー

p.178／ハートのムースショコラで使用

クーベルチュールチョコレートがおすすめですが、市販の板チョコでも、同じように作ることができるので、とても便利。チョコレートを冷蔵庫から出し、常温（約20℃）にしておいて下さい。冬場は少し暖かい所に置き、夏場は溶けすぎないように注意して、チョコレートの幅をうまく利用し、ピーラー（野菜の皮むき器）やくり抜き器を使って作ります。

板チョコの幅の狭い部分を、よく切れるピーラーで軽く削る。テンポをつけて削ると、くるくるとかわいいコポーができる。

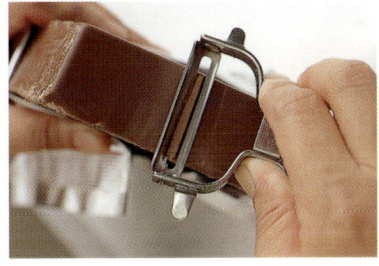

板チョコの幅が3～4cmのものを用意し、削る。細長いコポーができる。

くり抜き器で、チョコレートを浅く、くり抜くように削っていく。

製作／小嶋ルミ

基本の材料

■あ

アーモンドプードル
アーモンドを粉末状にしたもの。新鮮なものを使いましょう。酸化しやすいので、冷蔵庫で保存し、早めに使い切ります。

アマレット
あんずの果実の核をブランデーなどに漬け、エッセンスを抽出してからシロップを加えて作られる、アーモンドに似た香りのするリキュール。

■い

板ゼラチン
粉ゼラチンと比べて仕上がりの透明感が高く、口当たりもなめらかになります。たっぷりの冷水にひたして、ふやかしてから使います。

■か

カソナード
ブラウンシュガーの一種。ミネラル分を含み、精製度が低く、特有の風味があります。

■き

きび砂糖
さとうきびを原料として作られた砂糖。独特のコクと甘味が特徴です。

牛乳
必ず新鮮なものを使用しましょう。

強力粉
薄力粉よりもたんぱく質の含有量が多く、粘り気が強くなります。お菓子作りでは薄力粉を使用するのが基本ですが、作品によって、少量の強力粉を加えるものもあります。

キルシュ
さくらんぼの蒸留酒。無色透明で香りが強く、果物やチョコレートを使ったお菓子によく合うので、1本あると便利。

■く

クーベルチュールチョコレート
製菓用のチョコレート。大別すると、スイート、ミルク、ホワイトの3タイプに分かれます。スイートタイプには、カカオ分55％前後のもの、65％前後のセミスイート、70％以上のビター、とカカオ分の違いで各種あります。レシピに％の指定がある場合は、極力その％のものを使用して下さい。

葛粉 (写真／粉の種類 d)
葛というマメ科の植物の根からとったでんぷん。葛のみを使ったものを「本葛」と言いますが、高級品とされ、他のでんぷんと混ぜた「並葛」も多く売られています。本葛を使用した方が、より弾力が強く、透明感のある仕上がりになります。

グラニュー糖 (写真／砂糖の種類 c)
お菓子作りでいちばん多く使われる砂糖。クセのないあっさりした甘味を持ち、卵やフルーツなどの風味を損ねません。できれば粒子の細かいものを使用しましょう。

グランマルニエ
オレンジの皮からエッセンスを抽出した、琥珀色のリキュール。オレンジの香りとまろやかな甘味が特徴です。

クリームチーズ
乳を分離させた後に、クリームを加えて作られる、フレッシュタイプのチーズ。プレーンタイプは、チーズケーキの材料として、一般的に広く知られています。

■こ

コアントロー
フランスのコアントロー社が製造する、オレンジのリキュール。蒸留酒にオレンジの果皮、葉、花などを加えて風味を抽出しています。

黒糖 (写真／砂糖の種類 d)
さとうきびを原料に作られ、精製や漂白をしていない砂糖。ビタミンやミネラル分を多く含み、独特のコクと風味があります。

ココアパウダー
ココアを作るときのおなじみの粉。カカオパウダーとも呼ばれます。一般的に22～24％の脂肪分を含み、チョコレートのビター感を出すために生地に加えたり、仕上げに使用します。

粉寒天
棒寒天を精製し、粉末状にしたもの。棒寒天と違い、水で戻す必要がなく、熱湯で溶かしてから使います。

小麦粉 >> 強力粉、または薄力粉を参照

■さ

サラダ油
上質で安心できるサラダ油を使用しましょう。安価なサラダ油は特有なにおいが残り、味を損ねるのであまりおすすめしません。

■し

白玉粉 (写真／粉の種類 c)
精白したもち米に水を加え、すりつぶして乾燥させたのが白玉粉。やわらかい口当たりが特徴で、白玉だんごはもちろん、「ぎゅうひ」など、さまざまな和菓子に使われます。

粉の種類

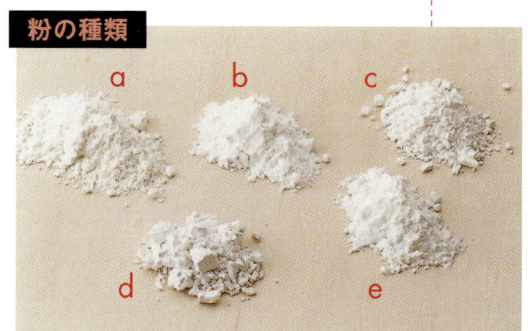

a／薄力粉、b／上新粉、c／白玉粉
d／葛粉、e／上用粉

上新粉（写真／粉の種類 b）
精白したうるち米を製粉したもの。おだんごや餅菓子などに幅広く使われる、和菓子の主材料です。

上白糖（写真／砂糖の種類 e）
粒子が細かく、和菓子作りに向く砂糖。水に溶けやすいので混ぜやすく、しっとりしてコクのある甘味が特徴です。

上用粉（写真／粉の種類 e）
上新粉を、さらに細かくひいたもの。きめ細かく仕上げたいお菓子には、上用粉を使用するといいでしょう。手に入らない場合は、上新粉で代用することができます。

■た

卵
必ず新鮮なものを使用しましょう。お菓子によって、S・M・Lと、使用するサイズが異なるので、レシピをよく確認して作って下さい。

■と

ドライフルーツ類
ドライイチジクやオレンジピール、ラムレーズンなど、種類はさまざま。お気に入りのドライフルーツを探すのも、楽しいかもしれません。

■な

生クリーム
純乳脂肪（38〜45％）のものを。低脂肪のものやコンパウンド（植物性との混合）のものは、風味も味も落ちるので避けましょう。

砂糖の種類 
a／粉糖、b／和三盆糖
c／グラニュー糖、d／黒糖、e／上白糖

■は

パート・ダマンド
アーモンドのペーストです。アーモンド2：砂糖1の割合で構成されています。

薄力粉（写真／粉の種類 a）
お菓子作りには主に薄力粉を使用します。ダマになりやすいので、使う直前にはよくふるっておきましょう。強力粉に比べて粘り気があまり出ないので、軽く焼き上げたいお菓子に適しています。

バター　>> 無塩バターを参照

バニラエッセンス
バニラビーンズから抽出した天然のバニラエッセンス。

バニラビーンズ
少しの量でも甘い香りが漂うバニラビーンズ。ちょっと気になる"卵のにおい"を抑え、風味を付ける役割もあります。柔らかくて太いものがおすすめ。常温で密閉して保存しましょう。

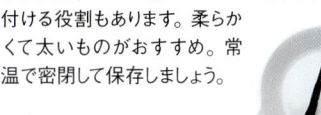

■ふ

ブラウンシュガー
さとうきびの絞り汁を煮詰めたもの。精製していないので、特有の甘味と香りがあります。

フロマージュブラン
フランス産の非発酵チーズです。まろやかな酸味があります。手に入らなければ、無糖ヨーグルトで代用もできます。

粉糖（写真／砂糖の種類 a）
グラニュー糖を細かい粉末状にしたもの。仕上げにふりかけたり、幅広く使えます。

■へ

ベーキングソーダ
重曹のこと。

ベーキングパウダー
生地をふんわりと膨らませる役割をします。

■ほ

棒寒天
棒寒天は一晩水に浸けてふやかし、熱湯で溶かして使います。ゼラチンは冷蔵庫で冷やし固めますが、寒天は室温で固まり、ゼラチンよりも固めに仕上がるのが特徴。

ポルト酒
ぶどうを発酵させ、途中でブランデーを入れて発酵を止める、ポルトガルのワイン。ポートワインとも呼ばれ、独特の甘味が特徴です。

■ま

マロンペースト
栗に砂糖やバニラを加えてペースト状に加工した製菓材料。必ずマロンペーストと表示されたものを購入して下さい。

■む

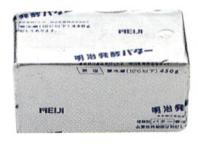

無塩バター
お菓子作りで使うのは無塩バターです。その中でも、発酵バターがおすすめ。手に入らなければ、普通の無塩バターでもよいでしょう。新しく、酸化していないものを使用して下さい。

■ら

ラム酒
さとうきびを原料として作られる、西インド諸島が原産の蒸留酒。さまざまなお菓子に使われるので、1本用意しておくと便利。

■わ

和三盆糖（写真／砂糖の種類 b）
日本の伝統的な砂糖。きめ細かくなめらかで、上品な甘味を持ちます。主に和菓子作りに使われます。

基本の道具

■お

オーブンペーパー
天板や焼き型に敷いたり、型紙を写すときに使います。

温度計
溶かしたチョコレートの温度を測ったり、シロップの煮詰め具合を測るときに使います。100℃まで測ることができるものがあると便利でしょう。

■か

カード
生地を底からすくい上げるときや、生地を平らにするときに使います。平らな方を手のひらで持ち、カーブ側でボウルの底から生地をすくいます。生地を平らにするときは、逆にカーブ側を持ち、平らな方でならしましょう。

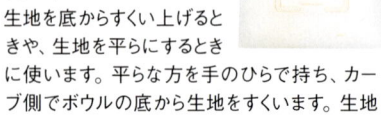

回転台
焼き上がったケーキにクリームを塗ったり、デコレーションをするときにあると便利。

角型 
ブラウニーや、生チョコを作るときにあると便利。

紙カップ
マフィンを焼くときに使用します。カップも、高さのあるものや底が広いものなど、サイズはいろいろ。プリントのされたものなど、種類も豊富に市販されています。

■き

木べら
クリームや生地を煮詰めながら混ぜるときは、木べらを使います。力がじゅうぶん入れられる、丈夫なものを選びましょう。

■く

口金 
絞り袋の先に付けて使います。丸型や星型、サントノレ型など、サイズも形もさまざま。用途によって使い分けましょう。

■ぐ

軍手
シフォンケーキをオーブンから取り出すときに使用。焼き上がりの型はとても熱いので、軍手を二重にして使いましょう。

■け

計量カップ
牛乳やジュースなど、液体を計量するときに使います。目盛りが見やすく、透明なものがあると便利。200cc（1カップ）が1個あれば間に合います。

計量スプーン
大（15cc）と小（5cc）が必要。すくい方で分量が違わないように、すりきるときは縁ときっちり面を合わせます。

ケーキクーラー 
焼き上がったケーキを冷ますときなどに使用。

■こ

ゴムべら 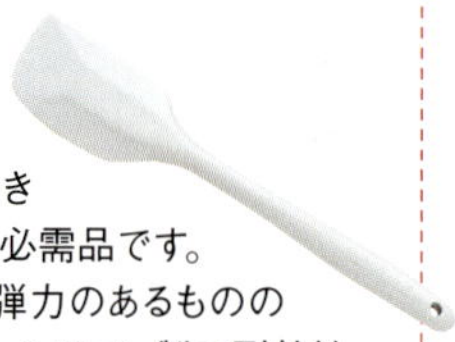
生地を混ぜたり、ボウルの中の生地を出し切るときに使用。お菓子作りでは必需品です。ゴムの部分を折り曲げ、弾力のあるものの方が使いやすいようです。シリコン製で耐熱性のあるものが便利。

■さ

さらし
和菓子の"あん"を包んで水気を切ったり、生地を手で揉み込んだり、乾燥を防ぐために材料の上にかぶせておいたりと、和菓子作りではさまざまな場面で使用します。大きめのさらしを買っておいて、そのつど切って使用してもよいでしょう。

■し

シフォンケーキ型 
いろいろなサイズのシフォンケーキ型がありますが、この本では、17cm型と20cm型を使用。

■

絞り袋 
飾り用のクリームや、生地などを絞り出すときに使用します。袋の中に、用途に合う口金を入れて先端から出し、セットしてから生地を詰めます。

シリコンペーパー
グラスファイバーのベーキングシートで、洗って何回も使用できます。製菓道具店、製菓材料店などで手に入ります。

シルパット 
シリコンペーパーよりも厚手で丈夫なタイプ。ロールケーキを巻くときにあると便利です。

■す

スポンジ型＞＞丸型を参照

■せ

製菓用ペーパー＞＞オーブンペーパーを参照

セルクル
底がない、枠だけの型。天板やバットに枠をのせ、この中に生地を流して焼いたり、冷やし固めたりして使います。

■た

大理石の台
大理石は冷たい石なので、タルト生地などをのばすときに適しています。ステンレスや平らなテーブルの上でもOK。

タルト型
底がないリング型はシリコンペーパーを併用します。なければ、波型で底が外れるタイプのタルト型でもよいでしょう。

■ち

茶漉し
仕上げに粉糖をかけたり、少量の粉をふるうときにあると便利。

■て

デコ型 >> 丸型を参照

デジタル計量器
おいしいお菓子を作るためには、しっかりと計量することが大切です。わずかな量でも正確に量れるよう、デジタルのものがおすすめ。

天板
ロールケーキなどの生地を焼くときに使用します。

■な

鍋
牛乳を沸かしたり、シロップを煮たり…と、さまざまな用途で使用します。ホーロー製やステンレス製の片手鍋がおすすめ。大小で使いやすいものを揃えておくとよいでしょう。湯せんを行うときには、ボウルと同じくらいの直径のものがよいでしょう。

波形ナイフ 
でき上がったケーキをカットしたり、スポンジケーキをスライスするときに使用します。ケーキをカットするときは、刃の部分を熱いお湯などで温めて切ると、切り口がきれいに仕上がります。

■ぬ

抜き型
丸型以外にも、ハートや星、動物の形をしたものなど、種類はさまざま。クッキーの型抜きなどに使用します。

■は

パウンド型
基本のパウンド型。いろいろな大きさのものが市販されています。オーブンペーパーなどの紙を敷いて使用し、焼いたあとは、必ず"からぶき"をしましょう。

刷毛 
つや出しの卵を塗ったり、スポンジケーキにシロップを塗るときなどに使用します。

バット 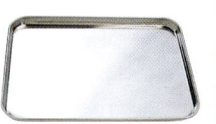
和菓子の"あん"を冷ますときや、生地の粗熱を取るときなどに1〜2枚あると便利。

パレットナイフ 
スポンジケーキに生クリームを塗るときなどに使用。刃のよくしなる、薄手のものがおすすめ。

ハンドミキサー
卵白を泡立ててメレンゲを作るときや、生クリームを泡立てるときなど、重要な役割をするハンドミキサー。ぜひ、性能とパワーのあるものを選んで下さい。ハンドミキサーの羽根は、細いものよりも丸みのあるものの方が、よりスピーディーに強いメレンゲが作れるのでおすすめです。

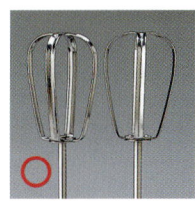

万能漉し器
粉や砂糖をふるったり、生地や液体を漉してなめらかに仕上げるときに使用します。できるだけ目の細かいものを選びましょう。

■ふ

フードプロセッサー
果物をピューレ状にしたり、シャーベットを作るときに使用します。

プリン型
アルミ製のものがおすすめ。

■へ

ペティナイフ
果物などを細かくカットするときにあると便利。

■ほ

ホイッパー
卵や生クリームを泡立てたり、生地をしっかり混ぜ合わせたり、お菓子作りには欠かせません。全体の長さが（大）約30cm、（小）約25cmの2本があると便利です。柄とワイヤーがしっかりしたものを選びましょう。

ボウル
材料を泡立てたり、混ぜるときの必需品。大・中・小と、サイズ違いでいくつか揃えておくとよいでしょう。湯せんにかけたときなどの温度変化が早いので、ステンレス製をおすすめします。

■ま

丸型 
スポンジケーキ作りには欠かせません。オーブンペーパーなどの紙を敷いて使用します。

■め

めん棒
生地をのばすときに使用します。太いものがおすすめ。力が均等に生地に伝わり、手早く薄くのばすことができます。

■れ

レードル
おたまの片側が尖った形になっているもの。生地を型に流し入れるときに使用します。こぼさずに入れられるので、用意しておくとよいでしょう。

● Making （50音順）

小笠原登茂子
加賀和子
葛西麗子
栗山有紀
小嶋ルミ
六名泰子
柳瀬久美子

● Staff

レイアウト／中田聡美
撮影／秋枝俊彦
スタイリスト／伊藤りか・絵内友美
編集／松波いづみ（E&Gクリエイツ）
企画・編集／成美堂出版編集部

■この本に関するお問い合わせ
TEL 0422-55-5460
E&Gクリエイツまでお願いします
受付／13:00～17:00
土、日、祝日はお休みです

● 撮影協力店

椀や
東京都世田谷区奥沢5-20-13　TEL 03-5701-1841

器の店　欅
東京都世田谷区奥沢6-33-14 もみの木ビル2F　TEL 03-5760-1275

時・遊・館
東京都目黒区自由が丘2-11-8　TEL 03-3717-6835

ドゥ・セー自由が丘
東京都世田谷区奥沢5-20-19　TEL 03-5731-7200

布遊館
東京都目黒区自由が丘1-25-9　TEL 03-5726-3160

べにや民芸店
東京都港区南青山4-20-19 プレム南青山1F　TEL 03-3403-8115

はじめての手作りお菓子

編　者　成美堂出版編集部
発行者　深見悦司
発行所　成美堂出版
　　　　〒162-8445　東京都新宿区新小川町1-7
　　　　電話(03)5206-8151　FAX(03)5206-8159
印　刷　株式会社　東京印書館

©SEIBIDO SHUPPAN 2006　PRINTED IN JAPAN
ISBN4-415-03954-5
落丁・乱丁などの不良本はお取り替えします
定価はカバーに表示してあります

・本書および本書の付属物は、著作権法上の保護を受けています。
・本書の一部あるいは全部を、無断で複写・複製、転載することは禁じられております。